남방발전사

南方發展史

일본 동남아시아 학술총서 **10**

남방발전사

南方發展史

게무야마 센타로 저 ― 송완범 역

보고사
BOGOSA

간행사

　고려대학교 글로벌일본연구원은 근대기 이후 동남아시아 지역에 대한 지속적이며 지대한 관심을 바탕으로 이 지역 관련 연구를 활발히 진행하였던 일본의 동남아시아 관련 연구성과를 국내에 소개하는 한편, 그들이 축적한 동남아시아에 대한 지견을 올바로 파악하고자 '일본동남아시아 학술총서'를 기획·발행하게 되었다. 본 총서는 2021년 전 8권으로 간행한 '일본동남아시아 학술총서'의 제2단계 후속 간행물에 해당한다.

　제9권인 『남방감각(南方感覺)』(정병호 역)은 당시 인도네시아를 중심으로 하여 남양지역에 풍부한 견식을 가지고 있었던 데라시타 무네타카(寺下宗孝)가 1941년에 간행한 저서이다. 이 책은 일본 내에서 남양 열기가 고조되고 일본이 본격적으로 이 지역의 세력확대를 도모하던 시기에 주로 현재의 말레이시아와 인도네시아 지역을 중심으로 이 지역에 대한 근본적이고 항구적인 남방정책과 남방 민족의 심리를 파악하고자 하였다. 그래서 동남아시아 지역에 대한 일본의 남방정책, 말레이반도와 인도네시아 지역에 대한 서양의 지배와 개발의 역사, 무역과 경제 상황, 무역·산업·재정, 그리고 자연 지리적 환경 등을 상세하게 소개하고 있다. 그런데 이 책의 가장 큰 특징은 남방에 대한 근본적이고 항구적인 정책을 수립하기 위해서는 남방 민족의 심리와 정신생활, 풍속 습관에 대한 지식과 이해가 필요하다고 하는 주장이다. 저자는 이를 위해서, 남방민족의 인종적 분포와 그 역사, 남방 민족의 종교 생활, 그리고 이 지역에서 전승되는 노래와 신화·전설과 관련하여 상당한 지면을 들여 상세하게 소개하고 있다. 그러나 이 책의 주요한 관심은 당시 세계정세의 급격한 변화와 더불어 일본이 동남아시아 지역을 중심으로 이른바 '대동아공영권' 건설을 어떻게 달성할지에 그 중심이 놓여 있다고 할 수 있다.

  제10권인 『남방발전사(南方發展史)』(송완범 역)는 '남양(南洋)'으로의 침략을 꾀했던 제국 일본의 남양 정책을 뒷받침했던 글을 쓴 게무야마 센타로(煙山專太郎)가 1941년 3월에 일본방송출판부(日本放送出版部)에서 출판한 저서이다. 게무야마는 도쿄제국대학을 졸업하고 와세다대학에서 메이지부터 쇼와에 걸쳐 교편을 잡았던 서양사 전공의 학자이자 정치학자이다. 이 책은 역사학자인 게무야마답게 지구상의 남과 북에 펼쳐진 여러 세력의 성쇠를 다룬 역사론 5편을 싣고 있다. 제1편은 1932년 12월의 강연이며, 제2편은 1934년 10월에 발표한 것이다. 그 외 세 편은 당시의 라디오 방송에 사용한 원고들로 제3편은 1939년 6월에, 제4편은 1940년 4월에, 마지막 제5편은 1941년 1월에 도쿄에서 발신했다. 이중 마지막 방송의 제목을 따서 책명으로 삼은 것이다. 동남아시아 전공의 권위자 야노 도오루(矢野暢)에 의해 이른바 '난신야(南進屋)'라고 불린 게무야마의 저작은 1930, 40년대 당시의 제국 일본의 남양 인식을 대변한다. 그것이 잘 나타나는 것이 제2편 「일본의 남진정책」에 실린 '왜구(倭寇)'의 활동을 평가하고 "왜구의 특징인 '해양 본능'을 위축시키지 않았다면, 유럽 세력이 동남아시아에 이르기 전에 '모험심 강한 일본인'이 분명히 남쪽 섬들을 손에 넣었을 것이다. (중략) 만약 에도(江戸) 막부가 도요토미 히데요시(豊臣秀吉) 정도의 배짱과 결단력을 지니고 있었다면 타이완을 일찍부터 손에 넣을 수 있었을 것"이라는 주장에서 잘 나타난다. 이러한 '남진론'은 소위 '대동아공영'이라는 침략사상을 여과 없이 분출하고 있는 것으로 현재의 동남아지역을 일본을 위한 침략의 도구로 밖에 생각하고 있지 않았음을 명확히 보여준다.

제11권인 『하와이 이야기(布哇物語)』(김효순 역)는 나카지마 나오토(中島直人)가 1936년 간행한 저서이다. 주지하는 바와 같이 일본인들이 하와이에 이주를 하기 시작한 것은 1860년대로, 하와이 왕국의 중추적인 산업으로 성장한 제당산업의 일손을 메우기 위해 시작된 노동 이민은 정주 시대(1908~1924)를 거쳐 오늘날 120만여 명에 달한다. 이렇게 관제이민 내지는 플랜테이션 노동자로서 외지 돈벌이를 목적으로 이민을 간 일본인들은 현지에 정착하며 자신들의 문화를 발생시키고 일본어로 신문잡지를 간행한다. 초기에는 내지 작가의 전재(轉載)가 주를 이루었고 차차 내지와 하와이를 왕래하는 일시 거주 작가가 나오게 되었으며, 이들이 어느 정도 정착하여 2세가 나오는 1910년 전후부터는 하와이 고유 작가가 나오기도 한다. 나카지마 나오토는 하와이이민 2세 작가로, 본서는 그의 단편 「하와이 역(ハワイ駅)」, 「하와이의 두 소년과 캠프(ハワイの二少年とキヤンプ)」, 「미스 호카노의 회초리(ミス·ホカノの鞭)」, 「사탕수수밭 화재(キビ火事)」, 「물소(すゐぎゆう)」, 「후추(胡椒)」, 「숲의 학교(森の學校)」, 「캠프의 환상(キヤンプの幻想)」, 「카나카(カナカ)」, 「하와이 태생의 감정(布哇生れの感情)」 10편을 모아 출판한 책이다. 이들 작품에는 하와이 2세 고유 작가로서, 나카지마 나오토의 중국인, 하와이 원주민 등에 대한 대타적 자아 인식이나 국가와 민족에 대한 개념, 낯선 자연과 이민 2세로서의 일상생활의 애환 등이 하와이 고유의 일본어로 잘 그려져 있다.

제12권인 『자바 사라사(ジャワ更紗)』(엄인경 역)는 태평양 전쟁 때 징용되어 군대와 함께 인도네시아 자바로 향한 다케다 린타로(武田麟太郞)가 자바섬에서 육군 보도 반원으로서 겪거나 느낀 일에 관하여 기록한 내용을 모은 것이다. 프롤레타리아 작가로 출발하여 서민적 풍속소설로 인기와 명성을 구가하던 다케다는 1942년 봄 육군과 함께 자바에 상륙하였고, 1942년부터 1944년에 이르기까지 『도쿄아사히신문(東京朝日新聞)』이나 『신 자바(新ジャワ)』 등 일본과 인도네시아의 여러 신문·잡지 매체에 자바 관련의 다양한 글을 기고했다. 스스로 징용 기간을 연장하며 1943년까지 자바에 머무르던 그는 일본으로 귀국한 후 1944년 말 단행본 『자바 사라사』를 간행하였으며, 현재도 인도네시아 최고 특산물인 자바 사라사를 제목으로 삼은 이 책은 단연 그의 인도네시아 담론의 핵심을 담고 있다. 본서를 통해 전의를 고양시키고 전황 정보를 제공하는 것뿐 아니라 원주민들과 교류하며 문화를 시찰하고 문화 공작을 실시하는 등 전쟁 수행의 일익을 담당하면서도, 인도

네시아의 독립을 응원하고 인도네시아 문학자들과 교류하며 현지
인들과 그 문화에 남다른 애착을 지녔던 다케다 린타로의 복잡다
단한 내면과 징용 작가의 현실을 들여다볼 수 있을 것이다.

　제13권인『해협천지회(海峽天地會)』(유재진 역)는 오구리 무시타
로(小栗蟲太郎)가 일본이 진출한 영국령 말라야를 배경으로 쓴 탐
정소설이다. 오구리 무시타로는 일본의 추리소설 작가이자 비경
(祕境)탐험소설 작가로서 본명은 오구리 에이지로(小栗榮次郎)이
다. 오구리 무시타로는 한자어에 가타카나 독음을 붙여 여러 의미
로 해석이 가능한 표현 방식과 서양의 철학과 예술 지식을 과할
정도로 과시하는 극단적인 현학취미를 보여주며, 그 현학취미의
결정체가 일본 3대 기서(奇書) 중 하나인『흑사관살인사건(黑死館
殺人事件)』(1934)이다. 해외여행은 물론이고 관동평야(關東平野) 밖
을 나간 적이 없을 정도로 방구석에서 동서양의 서적만 읽고 창작
하던 오구리 무시타로는 1941년 육군보도반원으로 영국령의 말라
야로 파견을 갔다 이듬해 말에 귀국하였다. 이때의 영국령 말라야
를 배경으로 직필한 탐정소설이『해협천지회(海峽天地會)』이고 말
라야의 비밀결사를 테마로 한 소설이다. 일본군이 진출한 동남아
시아는 단일민족국가인 한국과 달리 여러 인종이 존재하는 국가
들로 종주국과 식민지라는 일대일의 대칭관계와 다른 구조를 보
인다. 이러한 비대칭관계는 이 책『해협천지회』에서도 일본군은
영국령 말라야에서 경제적 패권을 쥐고 항일운동을 이어가는 중
국인 화교를 숙청하고 말레이인이나 인도인을 우대하는 방향을
취하는 식으로 엿볼 수 있다.

　　제14권인 『남방제지역용　일본문법교본(日本文法敎本)』(채성식 역)은 1943년에 일본어교육진흥회(日本語敎育振興會)에서 간행한 일본어 문법서로 2021년에 〈일본동남아시아 학술총서〉에서 간행한 『남방제지역용 일본문법교본 학습지도서(南洋諸地域用日本文法敎本學習指導書)』의 모체가 되는 책이다. 언어 유형론적으로 일본어와 큰 차이를 보이는 언어체계를 가진 남방지역 언어 모어화자를 대상으로 생경한 일본어, 특히 일본어의 문법적 사항에 대해 어떠한 교육이 이루어졌는지를 본서를 통해 엿볼 수 있다.

　　이들 번역서는 당시의 남양·남방, 즉 지금의 동남아시아 지역의 역사, 문화, 생활, 풍토, 언어교육, 그리고 이들에 대한 일본의 전반적인 인식 등을 일본인의 시각에서 어떻게 담아내고 있는지를 잘 보여주고 있다. 따라서 본 '일본동남아시아 학술총서'는 근대기 이후 일본이 동남아시아에 어떠한 영향력을 끼쳐 왔으며 이 과정에서 일본이 축적한 다양한 지견과 연구성과를 올바르게 파악하는 데 도움이 될 것이며, 나아가 다양한 분야에서 동남아시아 관련 후속 연구의 기초자료로 활용될 수 있을 것이다.

　　마지막으로 본 총서의 간행을 흔쾌히 맡아주신 도서출판 보고사의 김흥국 사장님과 세심한 부분까지 꼼꼼하게 편집을 해주신 박현정 편집장님을 비롯한 편집팀 여러분께 감사의 마음을 전하고자 한다.

2022년 12월

고려대 글로벌일본연구원

〈일본동남아시아 학술총서〉 간행위원회

목차

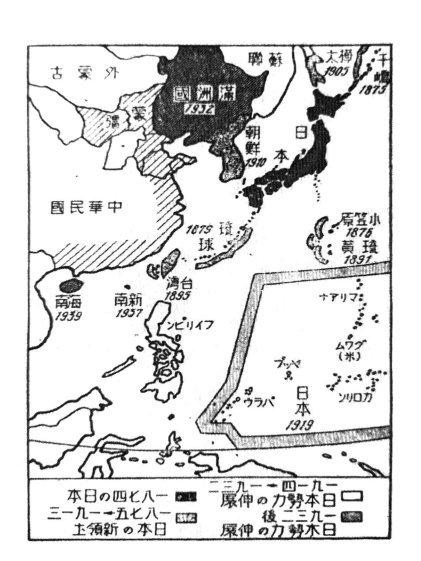

서

　이 소책자는 남북세력의 성쇠에 관한 역사론 다섯 편을 골라 기고한 순서대로 배열한 것이다. 기술된 역사적 사실과 논의에는 부분적으로 혹은 전체적으로 반복되고 있는 내용도 있는데, 원래 하나의 저작으로 계획된 것이 아니었기에, 초고의 상태로 간행하게 되었다. 개중에는 같은 제목인 경우도 있으나, 관점과 논술하는 점이 다른 경우이므로 미리 독자의 양해를 구한다.

　제1편은 1932년 12월의 강연이며, 제2편은 1934년 10월 잡지에 기고한 것이다. 그 외는 라디오 방송 내용을 사용한 것이다. 제3편은 1939년 6월에, 제4편은 1940년 4월에, 마지막 제5편은 1941년 1월에 방송한 것이며 모두 도쿄에서 발신했다. 마지막 방송의 제목을 따서 책명으로 삼았다. 현재 여러 '남방론'이 많이 나와 있지만, 모든 민족의 발전은 긴 시간동안 흐른 세계사의 조류와 넓은 공간에서 일어난 주변국과의 복잡한 관계를 모르면 이해할 수 없다. 이 작은 책자가 독자에게 참고가 된다면 더할 나위 없는 기쁨이다.

1941년 3월3일

게무야마 센타로(煙山專太郎)

제1장

도호쿠(東北)와 스코틀랜드

'신 이와테(岩手)인의 모임'이 창립되었던 때 본인은 가장 열심히 찬성한 사람이었다. 작년 출범식 때도 당연히 그 자리에 참석했었다. 모임을 만든 당사자라고 이야기할 정도는 아니지만 모임의 탄생을 지켜본 사람이라고 할 수는 있겠다. 그런데 그 후 바쁘다는 핑계로 신경을 쓰지 못해 미안하기 그지없다.

검술의 대가로 유명한 미야모토 무사시(宮本武藏, 1584?~1645년)의 검법에서는 가만히 있는 것을 경계한다. 그의 『오륜의 서(五輪の書)』에는 모든 칼 잡는 법에 "가만히 있는 것은 안 된다. 가만히 있는 것은 죽는 것과 같다. 가만히 있지 않으면 사는 것이다."라고 쓰여 있다. 그는 "먼저 움직이면 사람을 제압한다. 무조건 나아가라. 이런저런 생각을 해서는 안 된다."라고 가르치고 있다. 무사시는 호소카와(細川)씨에게 봉사하고 구마모토(熊本)에서 사망했는데 여기서 말하는 가만히 있다는 것은 히고(肥後, 현 구마모토) 근방의 말이라고 생각하지만, 고향 이와테현에서도 가만히 있다는 말은 흔히 쓰인다. 팽이를 굴릴 때 팽이가 똑바로 움직이는지 아닌지 알 수 없을 때 잘도 가만히 있다거나 가만히 있다는 표현을 쓴다.

무사시가 경계하는 가만히 있다는 말에는 칼이 움직이지 않는, 소극적이고 수동적인 상태가 되어 상대의 노림수를 기다리는 것을 말한다. 불교에서도 수양할 때 삼미(三味, 일본어 발음은 삼마이)라는 것이 있는데, 불교의 이 말도 정신이 정좌하고 있는 것이지 죽은 형태의 것은 아닐 것이다. 아마도 활발한 의지가 쉼 없이 약동하는 것일 게다. 그러기에 부동의 자세를 나타내는 것이지만, 무사시가 경계하는 가만히 있는 상태라는 것은 완전히 정신 내용을 달리 하는 말이다. 우리들도 여러 가지로 가만히 있고 싶어 하는 버릇을 갖고 있다고 할 수 있다.

자신의 약점을 내버려 두고 환경과 사회에 책임을 돌리는 풍조는 일종의 유행인 듯한데, 이는 매우 부끄러운 일이지만 전체적으로 가만히 있는 이러한 습성은 북국 사람들 간에 특히 눈에 띄는 현상이라고 하겠다. 이는 추운 기후의 영향도 적지 않을 것으로 생각한다. 프랑스의 파스칼(1623~62년)은 위도가 3도를 넘으면 이들의 지방 법률도 달라진다고 한다. 버마 산맥 하나를 사이에 두고도 산 저쪽에서는 좋다는 일도, 산 이쪽에서는 나쁜 일이 되어 버릴 정도이다. 남국과 북국을 비교하면 이러한 대조가 비교적 두드러지고, 북인은 대개 완력이 강한 것에 비해 남인은 평화로운 백성이다. 북인은 무용에 뛰어나지만, 남인과 같은 문화를 갖기 쉽지 않다. 많은 나라의 역사는 이러한 사실을 증명한다.

북방의 아리아인은 남방의 셈족[1]에게 이기고, 남방의 로마인은 북방의 게르만인에게 제압된다. 아리아인은 북쪽에서 인도로 침입하여 인도를 정복했다. 중국과 한반도에서도 북인이 대개 남인을 제압하고 있다. 다시 말해 중국에서는 한인(漢人)이 처음 황하 언저리에 살고 그 세력을 점차 남으로 미쳤다. 삼국, 위·진, 5호 16국 시대에 북방의 만인이 중국의 본체로 침입하고 있었다. 이로 부터 나중에 중국을 통일한 원과 청 모두 북인이다. 다른 예도 없는 것은 아니지만, 대체적으로 북인은 완력으로 남인을 제압하고 있다.

의학의 비조라고 말해지는 히포크라테스는 뜨겁고 기후의 변화가 적은 남방의 나라들은 평화를 사랑하며 영적세계에 빠지는 경우가 많은 것에 비해, 춥고 온도 차가 큰 북방에 사는 인민은 대개 무용이 강하지만, 학술기예의 발달에 필요한 항심이 적기 때문에 물질문명의 진보를 기대하기 어렵다고 했다. 이것이 지금부터 2천 2, 3백 년 전의 이야기인 것을 생각하면 실로 놀랄만한 탁견이라고 하지 않을 수 없다. 그러나 남북인의 기질, 또는 문화의 차이에 대한 관찰은 결코 서양인만의 전유물은 아니다. 히포크라테스보다는 천년 정도 뒷시대이지만 송의 시인이며 유학자인 소강절(邵康節, 1011~77년)은 남쪽을 보면 어지럽고 북쪽을 보면 누그러진다고 하였고, 또 어떤 이는 동남은 낮고 따뜻하여 풍족하지만, 서북의 높은 지방의 사람들은 강하다고도 했다. 이것들은 대개 중국의 역사적 사실을 토대로 경험적으로 논단한 것이다. 프랜시스 베이컨(1561~1626년)도 변화를 논하는 수필 속에서 북방이 남

----

1 중동, 서아시아, 북아프리카, 아라비아반도에 분포하며 '아시아 아프리카 어족(語族)'을 사용한다.

방보다 강한 원인에 대해 세 개의 의문을 제시하고 있다. 북방이 강한 것은 별의 탓일까, 북방은 육지가 많고 남방은 바다가 많기 때문일까, 혹은 북인은 한기 때문에 몸이 자연스레 단련된 탓으로 완력이 강한 것이 아닐까 등이다. 그리고 결국, 베이컨은 어느 한 원인 탓이라는 추측에 귀착한다. 별의 탓이라고 한 것은 그가 살던 시대의 유럽에서는 아직 점성 사상이 강했기 때문일 것이다. 서양에서는 유달리 18세기 때에 몽테스키외(1689~1755년)를 위시하여 많은 학자가 지역에 사는 사람들에 대해 열심히 연구하고 있다.

우리는 어떠할까. 나는 과문하여 여기서 언급할 수준은 아니다. 19세기 초에 나온 『적함사략(狄艦事略)』[2]이라는 책의 저자는 나가사키(長崎)에서 네덜란드 사람에게 들은 설을 이야기하는데, 북방인이 남으로 내려오는 것은 따뜻하고 물자가 풍부한 곳을 구하는 것이므로 자연스러운 일이지만, 남방인의 북상은 부자연스럽다고 한다. 각국의 수도의 위치로 우리들은 북방인의 남진을 쉽게 이해할 수 있다. 대체로 수도는 각 나라의 북방에 편재하고 있다.

오늘날의 에스파냐는 북방의 카스티야(Castilla)가 동남방의 아라곤(Aragon)을 국왕끼리의 결혼으로 병합하고, 남방의 회교도를 멸하고 그 나라를 통일한 것이다. 그리하여 카스티야의 수도인

----

2 러시아인의 치시마 남하 등 문화(文化) 연간(1804~1818)의 러시아 관계 문서와 표류기로 구성.

마드리드가 정치상의 중심이 되었다. 이탈리아는 북방의 사르디니아(Sardinia) 왕국에 의해 통일된 것으로 수도를 북방의 토리노에서 피렌체로 옮기고 지금은 로마로 되었다. 프랑스는 북방 파리의 통치자에 의해 통합된 것이다. 북방의 프로이센 왕국이 무력으로 독일 민족통일의 대운동의 핵심이 되어 예로부터 거의 정치적인 통합을 이룬 적이 없던 독일 민족을 오늘날과 같이 이르게 하였으며, 베를린이 브란덴부르크-프로이센의 수도이자 통일된 독일의 수도가 되었다.

러시아도 북방의 대(大)러시아인에 의해 통일되었기 때문에 대러시아의 수도인 모스크바가 중심이 되었다. 중국도 매한가지로 황하의 언저리에서 개창했기에 진(秦)의 서울인 함양도, 전한의 장안도, 후한의 낙양도, 그 외 여러 왕조의 수도는 거의 북방 황하의 유역이 되지 않을 수 없었다. 이후 금이 북방에서 일어나 북경을 도읍으로 삼고 있어 원, 명, 청 모두 똑같다. 따라서 현재의 국민당 정부가 남경을 중화민국의 수도로 삼고 있는 것은 중국 5천 년 역사에서 보아 거의 전례가 없는 것인데, 사실 남경 정부의 위력은 중국의 전역에 미치지 못하고 있다.

이렇게 북인이 남인을 제압하는 것은 동서고금을 통하는 역사상의 법칙으로 여겨지는데 여기 두 가지 예외가 있다. 서양의 영국과 동양의 일본은 남방의 세력이 북방을 제압하고 있다. 명백히 동서양 모두 대륙이 문화의 핵심지이기 때문에 영국도 일본도 지리적으로 대륙에 가장 가까이 있는 지역이 가장 먼저 대륙으로부터 뛰어난 문화를 받아들여 개화하고, 점차 북방의 개화되지 않은 민족을 압박하여 이를 정복했다. 이 때문에 이 두 나라에 있어서 정치상의 중심은 문화의 중심지였고 거의 남쪽에 치우쳐 있다. 일본의 정치상의 중심은 템스강 기슭처럼 영국의 수도로 오래도록 굳어진 곳은 아니지만, 대체적으로 긴키(近畿) 지역 주변에 있었다. 이후에는 가마쿠라(鎌倉)나 에도(江戶)가 중심이 되었는데, 동쪽으로든 북쪽으로든 원래부터 공간이 제한적이다.

라이산요(賴山陽, 1781~1832년)는 일찍이 일본에서의 정치세력의 추이에 관해 다음과 같이 이야기했다. "일찍부터 동서로 유람하고 산천의 기복 있는 장소를 찾아, 이후 일본의 지맥은 동북에서 나와 서쪽으로 점차 작아진다. 이를 사람 몸에 비유하자면 무쓰(陸奧)와 데와(出羽)는 머리에 해당하고, 가이(甲斐)와 시나노(信濃)는 등이며, 간토(關東)와 도카이(東海)지역은 흥부 부분이며, 게이키(京畿)는 요추이다. 산요(山陽), 난카이(南海)의 서쪽 지역은 넓적다리와 사타구니에 해당한다. 때문에 허리에서 엉덩이 부분에 서울이 있으면, 넓적다리와 정강이까지는 통제할 수 있으나 복부와 등은 제압할 수 없다. 헤이안(平安, 지금의 교토)은 사방이 통해 있어 천하의 일이 다 몰려 군대가 밀려든다. 가마쿠라의 위치는 한쪽만으로도 서방과 중원을 제압할 수 있는 것과 같은 이치다." 산요는 아시카가(足利)씨가 막부를 교토(京都)의 무로마치(室町)에 옮긴 것을 자랑스럽게 생각했다고 하고, 오다(織田)와 도요토미(豊臣) 두 씨족도 아시카가씨를 따라 했다고 한다. 그러나 산요의 의견에 따르자면 일본의 수도는 인체의 목 부분에 해당하는 도호쿠(東北, 일반적으로는 아오모리[靑森]현, 이와테[岩手]현, 미야기[宮城]현,

아키타[秋田]현, 야마가타[山形]현, 후쿠시마[福島]현의 6현을 이름)지역
이 되지 않으면 안 된다. 다시 말해 도호쿠 지방의 중심지인 히라
이즈미(平泉), 미즈사와(水澤), 모리오카(盛岡), 후쿠오카(福岡, 이
와테[岩手]현 니노헤[二戶]시) 근방에 일본의 정치적 중심이 있어야
한다. 라이산요와 같은 논조는 아니지만, 1798년에 혼다 사부로
우에몽(本田三郎右衛門) 같은 이는 에도에 막부를 두는 것은 잘못
이라고 주장한다. 일본은 캄차카반도의 페트로파블롭스크 캄차
츠키로 수도를 옮겨야 하며, 북방을 정벌하여 러시아를 치고 도읍
을 옮겨 북쪽으로 진출하지 않으면 안 된다고 주장했다. 이는 매
우 통쾌한 말이지만 엉뚱한 생각이라고 해야 할 것이다. 그가 캄
차카 지역을 잘 알고 있었다고는 할 수 없다. 단지 지도를 보고
런던과 페트로파블롭스크 캄차츠키가 대체로 같은 위도에 있는
것만을 이유로 주장한 것이며 난류의 영향이 캄차카에는 미치지
않는다는 것을 몰랐던 것이다.

　그것은 차치하고라도 우리 도호쿠는 일본에서 정치적 중심이
라고 할 수 없거니와 도호쿠 안에서조차 중심지가 성립하지 않았
다. 일시적으로 히라이즈미가 도호쿠의 중심지가 된 적이 있었지
만, 그마저도 곧바로 파괴되어 버렸다. 영국의 도호쿠라고 할 수
있는 스코틀랜드는 집념이 강하고 완강하게 독립을 유지하고 있
었는데, 일본의 도호쿠는 역사상 거의 서남세력에게 눌려 지냈다
고 할 수 있다.

　도호쿠와 스코틀랜드는 여러 의미에서 대조할 수 있다. 일본과
영국은 수량적 관계도 엇비슷하다. 비슷한 면적을 가지며 도호쿠

는 혼슈의 약 3분의 1이 약간 안 되는 정도인데, 스코틀랜드도 대브리튼의 3분의 1에 못 미치며, 또한 스코틀랜드는 대브리튼의 인구 8분의 1에 못 미치며, 도호쿠의 인구도 혼슈의 8분의 1이 안 된다. 단, 스코틀랜드에는 체비엇(Cheviot) 산맥이 영국과의 경계를 이루고 서에서 동으로 두 개의 바다 사이를 가르고 있다. 이것은 아주 높은 산맥은 아니지만, 그래도 대브리튼의 섬을 남쪽의 잉글랜드, 북쪽의 스코틀랜드의 두 지역으로 나누기에는 충분하다.

원래 대브리튼에는 켈트인이 예로부터 살고 있었는데 나중 로마인에게 정복되자 체비엇의 건너편으로 쫓겨나게 되었다. 이들 켈트인은 불굴의 독립심을 갖고 있었기 때문에 로마인 다음으로 들어온 앵글로색슨족에게 굴복하지 않았다. 체비엇은 동서의 해안에 통로가 있는데 오늘날 잉글랜드에서 스코틀랜드로 가는 철도는 모두 옛날의 통로를 지나고 있다. 옛날부터 양국 사이에 싸움이 벌어지면 세력이 강한 쪽은 언제나 동과 서쪽의 바닷길로 진군해 상대의 영토로 쳐들어갔던 것이다.

올리버 크롬웰(1599~1658년)은 스코틀랜드 군을 던바(Dunbar)에서 격파했는데 이때는 수도 에든버러(Edinburgh)를 목표로 북해의 해안 길을 따라 북으로 진군한 것이었다. 이처럼 남북이 아니라 동서로 구분된 산맥은 침입을 차단하는 효과가 더 크다고 할 수 있다. 따라서 스코틀랜드는 체비엇에 의하여 예부터 스스로 덩어리진 자연지역을 이루고 있었다고 할 수 있다.

그런데 일본의 도호쿠는 그렇지 않다. 시라카와(白川) 검문소와 나코소(勿來) 검문소가 설치되어 있었으나 남북을 가르는 장애물은 없었다. 중앙산맥, 북상산맥, 데와(出羽)구릉, 모두 태평양과 동해(일본에서는 일본해)를 따라 종주하고 있고 여기에는 횡단적인 산맥이 없기에 남쪽 방향에서 들어오기 좋다. 매우 비슷한 오우(奧羽)지역³이라도 무쓰와 데와는 이상할 만치 역사적 운명을 달리하고 있다. 서울과 데와의 교통은 일찍부터 열려 있었기 때문에, 데와에 서울의 공기는 일찍 전달되었다. 지리학자는 동해 쪽을 우라(속) 일본이라고 부르지만, 상고 및 중고의 역사에서는 동해 쪽은 오히려 오모테(겉) 일본이라고 해야 할 것이다. 아베노 히라후(阿倍比羅夫)는 데와를 정벌하고 제명(齊明)천황 시기에 야마토(大和) 조정의 세력을 동해 연안의 북해도 언저리까지 미치게 했는데, 태평양 쪽에서는 이로부터 약 130년이나 나중에 환무(桓武)천황 시기에 사카노우에노 다무라마로(坂上田村麻呂)의 무력을 빌려 이사와성(膽澤城), 시와성(志和城) 이북으로 나아간 것이다. 이만큼 데와 지역의 동해 쪽 공기가 반대편의 무쓰 쪽보다는 열려 있었던 것이다. 이는 메이지유신 때도 비슷한 현상이 보이는데 쓰가루(津輕, 아오모리현의 서부)와 아키타가 일찍부터 천하의 향배를 알고 있었던 것은 그들이 이미 문드러진 도쿠가와(德川)씨에게 붙지 않고 아무런 미련 없이 삿쵸(薩長, 사쓰마[薩摩]와 초슈[長州])의 신세력을 맞아들인 데서도 알 수 있다.

....

3 무쓰 지역과 데와 지역을 합해서 부르는 호칭으로 지금의 도호쿠 전역을 이른다.

　원래 일본에는 이민족인 아이누(일본의 홋카이도, 도호쿠 지방과 러시아의 사할린, 쿠릴열도, 캄차카반도에 분포해 살았던 원주민)가 살고 있었고 후에 들어온 일본 인종의 선조는 처음에는 아이누와 별로 차등이 없는 문화를 갖고 있었다. 일본 민족과 아이누는 모두 석기를 사용하였고 실제로는 거의 우열이 없는 모습을 상상할 수 있다. 그러나 대륙의 문화에 접할 편의와 기회가 보다 많았던 일본민족은 빨리 우세해져 아이누를 몰아낸다. 이것은 영국의 켈트인과 앵글로색슨족의 관계와도 닮은 부분이 있다.

　오우지역에서 서남의 세력에 대항한 독립의 정치구역을 세우려고 하는 노력이 전혀 없었던 것은 아니다. 다만 스코틀랜드의 켈트인이 강한 민족의식으로 남방의 잉글랜드에 반항한 것과 같은 처절함과 독립심이 유감스럽게도 없었다는 것이다. 스코틀랜드의 켈트족이 내부에서는 같은 종족끼리 피로 피를 씻는 투쟁을 반복한 것은 월터 스콧(Walter Scott, 1771~1832년)의 『호상가인(湖上佳人)』에 잘 묘사되어 있으며, 공동체의 적인 잉글랜드가 침입해오면 스코틀랜드의 용사들은 즉시 내분을 멈추고 일치단결하여 이에 저항하는 것을 잊지 않았다.

　이러한 독립사상은 스코틀랜드를 보존한 근원인데, 아이누에게는 불굴의 민족의식과 의지를 관철하는 지능과 능력이 불행히도 결여했다. '전 9년의 역'[4]에 아베노 요리토키(安倍賴時)에 대해

4　1051~62년에 걸쳐 당시의 중앙 조정을 대신하여 미나모토노 요리요시(源賴義)와 무쓰의 지방 호족이던 아베(安倍)씨 간의 다툼으로 도호쿠 지역에서 벌어진 전쟁.

서 그와 같은 아이누인 데와의 기요하라 다케노리(清原武則)는 요
리토키에 동조한 동지들을 타도하고 드디어 그들을 망하게 한 것
은 아닌가. '후 3년의 역'[5] 때의 기요하라(清原) 소동은 그 일 자체
가 동족 간의 별 중요하지 않은 싸움이 원인으로 결국 하치만타로
(八幡太郎, 미나모토노 요시이에[源義家, 1039~1106년]의 별명)로 하여
금 무명을 떨치게 했다.

　마지막 남은 히라이즈미의 아이누의 유산은 미나모토(源)씨의
쇠운에 응하여 크게 일어나 한때는 도호쿠의 전역을 히라이즈미
정권 하에 통제할 수 있을 정도가 되었지만, 야스토키(泰衡, 1155~
1189년, 오슈후지와라씨의 제4대 마지막 당주)의 무능으로 인해 허망
없이 무너지고 말았다. 실로 미나모토씨의 완력이 강한 것은 요리
요시(賴義), 요시이에(義家)의 무리들이 강한 아이누와 싸워 많이
단련되었기 때문이다. 이리하여 요리토모의 가마쿠라막부 창시
이래 도호쿠다운 독립의 지방 세력은 아주 없어졌고 미나모토씨
의 가신들이 도호쿠를 분점하게 되었다.

　마쓰오 바쇼(松尾芭蕉, 1644~94년)가 '무사들의 꿈의 흔적'이라
고 노래한 히라이즈미의 멸망 후, 3~4백 년이 지나 전국시대에
이르고 도호쿠는 겨우 머리를 들 수 있는 기회를 얻게 되는데,
두 개의 도호쿠 세력이 강성하게 되었다. 그들은 다테 마사무네

5　1083~87년에 걸쳐 도호쿠 지역을 장악하고 있던 기요하씨가 소멸하고 오슈후지
　　와라(奧州藤原)씨가 등장하는 계기가 된 싸움. 오슈후지와라씨는 1087~1189년
　　까지 무쓰의 히라이즈미를 중심으로 오우지방에 세력을 펼친 후지와라 북가의
　　지류 호족.

(伊達政宗, 1567~1636년)와 구노헤 마사자네(九戶政實, 1536~91년)[6]
였다. 마사무네는 넘치는 야심을 품고 있었는데, 남몰래 대세가
기우는 방향을 살피고 있었다. 그는 마음속으로 히데요시 따위는
별것 없다고 무시하고 있었지만, 간사이 일대가 히데요시의 통제
로 돌아서는 것을 보고 이에 반하는 것은 어리석다고 생각하여
'오다하라(小田原)의 역(1590년, 당시의 관백 히데요시가 호죠[北條]씨
를 항복시킨 사건)'에 원조하기도 하고 센다이(仙台)에서 종종 히데
요시의 진중을 방문하기도 했다. 그러나 아무것도 하지 않고 있던
것은 아니었다. 놀랄 만큼의 공명심을 안고 있던 그는 기독교에
주목하여 자신의 영토로 끌어들여 이를 매개로 구미와 교통하고,
도호쿠를 위해 또 당시의 일본을 위해 기운을 크게 해외에 펼치려
고 했다. 에스파냐가 태평양 연안을 측량하고 게센군(氣仙郡)까지
돌아본 것은 마사무네 때이다. 그로부터 마사무네는 선교사를 앞
세워 하세쿠라 로쿠에몽(支倉六右衛門, 1571~1622년)을 멕시코와
에스파냐의 필립 3세와 로마법황에게 보냈다. 하세쿠라는 사명을
달성하고 1620년에 무사히 귀국하는데, 이 무렵 막부의 외교를
금지하는 신정책이 반포되어 마사무네의 경험은 물거품이 되었
다. 대세의 추이에 밝았던 마사무네는 무모한 무력적 저항은 피하
면서 자신의 공명심을 발휘하는 길을 찾으려고 한 것에 비해, 마
사자네에게는 마사무네 같은 지혜가 없었다. 마사무네는 마사자

....

6 전국시대부터 아즈치모모야마시대의 무장으로 남부(南部)씨의 가신.

네를 오우지방 제일의 무장이라고 추어주고 있었는데 뒤에서 서
남의 세력에 접촉하려고 하는 마사자네의 저돌적인 용기를 남몰
래 부추기고 있었는지 모른다. 어찌 되었든 마사자네는 남부의
통제로부터 독립하거나, 혹은 스스로 남부씨를 추대하고 있었던
것 같다.

　1582년에 남부 하루마사(南部晴政, 1517~82년)가 죽자, 그 아들
하루쓰구(晴繼, 1570~82년)가 잇고 있었는데 아버지 장례식에서
돌아오다가 살해되었다. 그의 나이 13세였다. 남부의 역사가들은
남부씨의 후사를 노리는 나쁜 세력이 한 것이라고 말하고 있지만,
진상은 과연 그럴까. 혹은 하루마사의 장녀의 남편인 노부나오(信
直, 1546~99)의 음모가 아닌가 하는 의견도 있다. 어찌 되었든 노
부나오는 중신에게 추대되어 남부씨 제26대의 군주가 되었기에
구노헤씨가 불만을 갖고 있던 것은 분명하다. 그래서 그는 남부씨
와 이해를 같이하는 쓰가루씨와 결합하려고 하는 움직임도 보였
지만, 당시의 정치 세력의 파악에 있어 각별히 획책하는 바가 있
었던 것 같지는 않다. 쓰가루 다메노부(津輕爲信, 1550~608년)는
자주 교토에 왕복하여 고노에 가와 연을 맺으려고 하는 것에 여념
이 없었고 또한 노부나오도 마에다 도시이에(前田利家)와 통하고
있고, '오다하라의 진'에서는 히데요시를 방문하여 사정을 파악하
는 데 급급하고 있었는데, 오직 한사람 마사자네는 자신의 실력을
믿었던지 하는 일 없이 시간을 보내고 있었다. 그런 와중에 남부
씨의 호소에 응한 히데요시와 이에야스가 군사를 일으켜 두 연합
군이 아사노 나가마사(淺野長政, 1547~1611년)를 위시해 여러 장수

들을 앞세우고 구노헤의 후쿠오카 성에 들이닥친다. 히데요시의 양자이며 관백을 칭한 히데쓰구가 총대장이 되어 성을 포위하자 마사무네에게도 다메노부에게도 의지할 수 없었던 마사자네는 완전히 고립무원이 되었다. 그럼에도 불구하고 그 휘하의 아베(安倍)씨, 기요하라(淸原)씨 같은 용장들은 배신하지 않고 마지막까지 잘 싸웠다. 6, 7만의 군세를 자랑하는 상대의 간담을 서늘하게까지 했다. 때는 1591년 9월이었다. 러시아의 육군에는 1월 장군, 2월 장군이라고 하는 동장군이 있어 모든 적을 퇴치한다고 한다. 무적의 나폴레옹도 러시아에 패전한 것도 동장군 때문이었다. 도호쿠에도 1월 장군이 있다. 포위망이 길어지자 포위한 측에 일찍이 경험한 적이 없던 추위가 찾아왔다. 추위와 병량의 결핍은 연합군 입장에서도 가장 피하고 싶은 일이었다.

  이리하여 아사노 등의 지략가의 도움을 받아 항복을 권하는 사신을 파견하게 되었다. 이는 9월 23일의 일인데, 양력으로 환산하면 10월 20일이 된다. 후쿠오카 근방은 벌써 서리 내리는 한기가 느껴지는 무렵이었다. 항복을 권하는 사신이 오자 후쿠오카 성은 약간의 동요도 있었지만 장사들의 투지는 결코 꺾이지 않았다. 다만 대장의 의지가 약해져서 항복의 권고에 응하게 되었다. 마사자네의 동생인 구노헤 사네치카(九戶實親, 1542~91년)는 연합군의 언사는 교묘하므로 속아 넘어가서는 안 된다고 하면서, 어디까지 화의보다는 싸움을 계속하는 것이 더 낫다고 역설했지만, 이미 전의를 잃고 있는 형의 마음을 돌릴 수는 없었다. 오다를 배신한 아케치 미쓰히데(明智光秀)의 모반은 이때로부터 9년 전으로 미쓰

히데의 나이 57세 때였는데, 마침 마사자네는 56세였다. 환갑에 가까운 마사자네는 본래 가졌던 마음이 계속 흔들리고 있었다. 적의 성을 포위하고, 성내의 반간을 조장하면서 붕괴시키는 방법은 히데요시의 특기로써 히데요시의 책략은 오다하라(小田原)에서 크게 성공했다. 측실 요도기미(淀君) 등을 진중에 불러들여 여유를 보이면서 서서히 적의 사기를 꺾고는 끝내 4인의 주장을 자살하게 하는 조건으로 그 이상 더 심한 벌을 주지 않는 것으로 타협하여 오다하라 성을 열게 한 것이었다. 거기에 더하여 아사노 나가마사는 히데요시의 처가 사위(相壻)로서 5대로의 필두인 세력가로, 말하자면 히데요시 내각의 총리대신이기에 이 사람의 감언을 믿을 수밖에 없었겠지만, 항복을 권하기 위해 온 승려의 말을 그대로 진의로 받아들여 아주 세심히 조건을 살피지도 않고 거의 무조건이나 마찬가지로 항복의 요구 조건에 응했다는 인상을 피하기 어렵다. 즉 적에 대한 신용이 지나쳤다는 말이다.

9월 4일, 마사자네를 비롯한 7인의 대장은 항복했는데, 마지막에 사네치카가 형을 걱정하여 간언했지만 뜻을 이루지 못했다. 최후까지 저항한 사네치카는 그의 처와 함께 난중에 전사했는데 히데요시 군은 성으로 들어가 마사자네의 처와 11세의 외아들까지 참살하고 성내를 유린했다. 마사자네의 많은 구신이 망명했으며 마사자네 외 7명은 히데쓰구의 영내로 보내지고 여기서 목이 잘려 그 목은 교토에 효수되었다. 이때는 9월 20일(양력 11월 8일)이다. 이처럼 오래간만에 대두한 도호쿠의 세력은 서남세력에 의해 부서지고 메이지유신에 이르게 된 것이다.

그런데 스코틀랜드는 도호쿠와는 달리 훌륭한 민족적 자부를 가졌다. 켈트인의 자손인 스코틀랜드인에게는 왕성한 민족적 자각이 있었고 단호히 남방의 앵글로색슨인에게 항복하지 않았다. 켈트어는 스코틀랜드의 북방의 산중에서는 지금도 남아 있는데 이 점은 서남의 연장에 지나지 않는 도호쿠와 완전히 다르다. 그뿐 아니라 현재의 스코틀랜드는 특별한 제도마저도 허락을 얻어 행정상으로는 영국 내각의 각료가 총괄하면서도, 사법상으로는 잉글랜드로부터 독립한 조직이다.

그래서 스코틀랜드가 어떻게 하여 독립을 유지할 수 있었는지 역사적 유래에 대해 이야기해 보자. 사카노우에노 다무라마로(坂上田村麻呂)가 오우 지역을 정복한 9세기에 스코틀랜드에는 이미 왕국을 세웠고, 히라이즈미의 후지와라씨가 멸망을 한 12세기경에는 스코틀랜드는 대단히 번영하여 13세기말에는 잉글랜드로 나아가 싸움을 거는 것이 가능할 정도였다. 다시 말해 스코틀랜드인은 윌리엄 월리스(William Wallace, 1270~1305년)를 대장으로 영국인을 격파하고 영국 남쪽으로 침입했다. 그러나 당시의 영국 왕 에드워드는 군대를 일으켜 북정하여 월리스는 패배하고 도망갔지만 잡혀 런던으로 납치되고 교수되었다. 아직 숨이 끊어지기 전에 뱃속을 들어내 불에 올리고 마지막에 참수하여 남은 사체는 네 덩어리로 잘라 스코틀랜드의 네 지역에 보내졌다. 런던의 다리에 그의 목이 효수되었다. 이때는 호조(北條)씨의 집권시대인 1305년의 일이다. 그런데 도호쿠의 구노헤 마사자네의 경우와는 달리 스코틀랜드에서는 월리스를 이어 독립 전쟁이 계속되었다. 의로

운 기질이 풍부한 스코틀랜드인은 월리스의 죽음을 그냥 헛되이
두지 않고 1306년에는 로버트 더 부르스(Robert the Bruce, 1274~
1329년)라고 하는 사람이 나와 스스로 왕이라 하고 영국에 대항하
여 반란을 일으켰다. 부르스는 여러 번 싸움에 패전하면서 많은
고생을 했지만, 마침내 영국을 이겨 영국 왕으로 하여금 스코틀랜
드의 독립을 인정하게 했다. 그의 후손인 로버트 2세는 이로부터
3백 년에 이르러 영국의 왕위를 계승하게 된 스튜어트 왕조(House
of Stuart, 14세기부터 스코틀랜드 왕실, 17세기부터는 영국 왕실의 선조)
를 연다. 다시 말해, 1603년부터는 스코틀랜드 왕이 잉글랜드의
왕이 되어 양국을 동일 군주 아래 통합하게 된 것이다. 그렇더라
도 양국은 서로 완전한 독립국으로 다른 헌법을 갖고 각각 독립
의회를 가지고 있는데, 1707년의 합병에 의해 의회는 런던으로
통일되어 드디어 지금과 같은 상태가 되었다. 그러나 스코틀랜드
는 결코 잉글랜드의 안으로 매몰되어 그 존재를 잊어버린 것은
아니었다. 스코틀랜드와 잉글랜드가 합해져 대브리튼왕국을 이
루게 되었지만, 스코틀랜드인은 잉글랜드의 부속물도 속성도 아
닌 독립 자주의 스코틀랜드의 혼을 어디까지나 주장하고 있다.
여기서 말하는 스코틀랜드의 혼은 실로 존 로크(John Locke, 1632~
1704년)의 종교적 개혁운동과 깊은 관계를 맺고 있다.

독일의 역사가 하인리히 폰 트레이추케(Heinrich Gotthard von
Treitschke, 1834~96년)는 그의 유명한 정치학 강의 중에서 종교가
없는 민족은 없었다고 하면서, 그 미래도 성립하기 어렵다고 한
다. 공동의 종교 없이는 민족적 통일의 의의가 성립하기 어렵다는

것을 주장한다. 그는 종교적 감정을 인간의 근본적인 힘인 것처럼 보기 때문이다. 이 생각이 말 그대로 앞으로의 세계에 통할지는 알 수 없지만, 과거의 인류, 특히 16, 17세기까지의 유럽의 인간에게 종교가 민족의 동향에 중대한 교섭을 가진 사실은 자명한 것이다. 특히 스코틀랜드의 예는 가장 적합하다. 유럽대륙에서는 루터의 새로운 신앙에 공명하였는데 로마교황에 반항한 자는 주로 독일의 여러 군주들이었고, 잉글랜드에서는 왕조는 전제정치였지만, 로크가 스코틀랜드에 수입한 종교개혁의 풍조는 위에서 아래로가 아니라 인민으로부터 광대하게 퍼진 가장 민주적인 것이었다. 토머스 칼라일(Thomas Carlyle, 1795~1881년)에 따르면, 로크의 새로운 복음은 스코틀랜드인에게는 외적으로는 세련되지 못하고 반수적인 정신에 불과한 것으로부터 종교 개혁의 큰 파도를 통해 비로소 내적 생명의 불을 밝힌 것이나 마찬가지였다. 칼라일은 그의 조국에게 비할 데 없는 성스러운 찬사를 바치면서 스코틀랜드인을 죽음에서 소생시켜 준 것은 실로 로크였다고 칭찬하는데, 이는 결코 틀린 말은 아니다. 독자 중에는 혹 '로크 설교의 그림'을 본 적이 있을 텐데, 그림 속의 바싹 마르고 독수리같이 날카로운 눈매를 띤 60세에 가까운 노인이 높은 단상에 올라 크게 손짓을 하면서 많은 스코틀랜드 귀족들에게 열심히 웅변을 하고 있는 모습을 보는 것만으로도 열렬한 그의 신앙을 상상할 수 있을 정도이다. 세상에서는 황막한 토지로 인식된 스코틀랜드가 독자적인 사상가, 위대한 실행가와 어깨를 나란히 하는 인재를 배출하는 까닭은 16세기에 종교상의 운동과 굴복하지 않는 스코틀랜드의 혼이 투합하여 하늘을 찌를 기세가 있기 때문일 것이다.

스코틀랜드는 가난한 나라로 유명하다. 따라서 대표적인 구두
쇠라고 알려진다. 18세기의 중엽에 나온 영어사전에 의하면, 귀
리를 설명하면서 잉글랜드에서는 말이 먹지만 스코틀랜드에서는
인간이 먹는 음식으로 풀어쓰고 있다. 그만큼 경제적으로 혜택을
못 받은 지역이다. 농촌의 노예인 농노들은 유럽대륙에서는 대개
폐지되었음에도 불구하고 스코틀랜드에는 18세기 말까지도 존속
하고 있다. 더욱이 산업혁명 후의 스코틀랜드에서는 클라이드강
(River Clyde) 근방은 건실한 공업지로서 많은 발전을 이루었지만,
전체적으로 보자면 잉글랜드에 비해 스코틀랜드가 훨씬 가난한
것은 부정할 수 없다. 그런데 여기서 인물이 나오는 것은 실로
놀랄만한 일이다. 가장 유명한 사람들을 들자면 전화의 그라함
벨, 증기기관차의 와트, 지질학의 제임스 허턴(James Hutton, 1726~
97년), 지구진화설의 사 찰스 라이엘, 경제학 아담 스미스, 철학
흄, 사학의 로버트슨, 시인 반즈, 문인 카라일, 예술비평의 라스
킨, 소설가 스콧 및 스티븐슨, 전기학 켈빈경, 마취제의 발견자
심프슨, 아프리카 탐험의 리빙스턴 등 손에 꼽을 수 없을 정도이
다. 대부호 중에는 카네기가 있으며, 제1차 세계전쟁에서 영군의
총수로서 웰링턴에 밀리지 않을 혁혁한 전공을 세운 헤그 원수가
있다. 스코틀랜드는 영국의 정치계에도 쟁쟁한 사람들을 많이 배
출했다. 글래드스턴은 은퇴 후에 자유당의 총재가 되고 또한 내
각도 조직한 로즈베리 백작, 로즈베리를 이어 총재가 된 카멜 버
나만 등은 모두 스코틀랜드인이다. 보수당에서는 소리습리 후작

의 뒤를 이어 총재가 된 베르호아, 그다음에 총재가 된 보나 로, 또 노동당에서는 초대 총재인 케어 하디, 그로부터 당 총재로서 두 번이나 조각하고 최후에 거국일치내각의 수상도 한 맥도날드 모두 스코틀랜드인이다. 자유당 내각의 육상과 대법관에 임명되고 제1차노동당 내각의 대법관으로 재임한 하르덴 경도 같다. 스코틀랜드인을 **빼면** 적어도 최근 2백 년의 영국 역사는 제대로 쓸 수가 없을 정도이다. 영국의 역사가 마코르(Macaulay, Thomas Babington, 1800~59년)는 평원지방에는 별로 인재가 많지 않은데, 스코틀랜드에서 인걸이 배출되는 것은 산이 많기 때문이라 했는데, 과연 그렇다면 우리 도호쿠에도 스코틀랜드에 뒤지지 않을 천재의 배출이 있을 터이다. 물론 유신 후에 도호쿠의 진흥은 상당히 두드러진 바가 있지만 남부번의 지난 일을 생각하자면 역시 논하기에 부족하다.

노부나오는 기요하라 다케노리(淸原武則)가 '전9년의 역'에서 한 방법대로 도요토미와 이에야스의 힘을 빌리는 것에 의해 정적 구노헤(九戶)씨를 멸망시켰지만 동일한 칼끝을 북방의 역신, 다메노부(津輕爲信, 大浦爲信)에게 미칠 수는 없었다. 그러나 지금 그의 영내에는 나쁜 마음을 안고 그에 대항하는 자는 없다. 2, 30만 호라고 칭해질 정도의 그의 전 영토는 오래간만의 평화의 바람을 느꼈을 것이다. 노부나오가 죽고 40년 못되어 도쿠가와씨는 엄중한 쇄국령을 내려 외국과의 교통을 차단했기 때문에 도호쿠의 독안룡(애꾸 눈) 마사무네가 멕시코와 유럽을 의식한 교통의 길을 열려고 했던 대 계획도 무위로 끝나고 오우의 천지는 자극과는 거리가 먼 그저 평범한 생활을 하지 않을 수 없게 된 것이다.

하지만 일본 국내가 아무리 평화로운 생활 속에 멈춰있다 해도, 일본 변방의 해안 밖으로부터 밀려오는 바람과 파도는 어떻게 하더라도 막을 수 없는 것이다. 구미 각국과의 교통상의 요충에 접근한 지점에 위치하는 번의 경우 두드러진다. 서쪽에서는 류큐(琉球)를 담당하던 사쓰마(薩摩)나, 나가사키 항에 들러 끊임없이 네덜란드인과 중국인과 교제하고 이로부터 여러 가지 영향을 받은 천혜의 히젠(肥前), 또는 바다를 사이에 두고 조선과 상대하는 다른 한편으로 시모노세키해협을 통해 규슈와 서로 바로 보는 천혜의 좋은 입지를 갖춘 조슈(長州)는 이에 해당한다. 메이지유신의 원동력이 된 각종의 기제가 왜구에 대한 걱정, 외교의 곤란을 직접의 동인으로 하여 이들 서방 제번 사이에서 가장 치열한 까닭은 결코 우연은 아닐 것이다.

그런데 이러한 하늘이 준 지리의 이점, 외래의 좋은 자극이라고 하는 것은 결코 우리 서남의 몇몇 번 만에 주어진 특혜는 아니다. 우리 도호쿠에도 서남의 번 같은 정도의 강도는 아니었지만 기회가 없지는 않았다. 서남과 동북 양쪽 지방에 대해 서구의 여러 나라, 에스파냐, 포르투갈, 네덜란드, 프랑스, 영국 등이 계속해서 건너온 것인데 우리 도호쿠 지방에 대해 같은 영향을 준 것은 시베리아의 들판을 소유하고 캄차카, 사할린에서 남하하여 온 러시아였다. 그러나 일본에 있어 그와 더불어 가장 큰 충격을 준 곳은 말할 것 없이 마쓰마에(松前), 쓰가루의 두 번을 제외하고는 남부 번이었다. 남부 번의 남방은 헤이(閉伊)군[7]의 남쪽 끝에서부

터 북방은 시모키타(下北)반도를 포옹하는 남부 번의 해안선은 꽤
나 길어 야마다(山田), 미야코(宮古) 등의 좋은 항구가 있기에 15세
기 이후의 해상교통의 시대에는 구미인들의 관심이 가는 땅이기
도 했다. 실제로 에스파냐의 항해자들 사이에는 일본에 금은이
많이 산출되는 보물섬이 있다는 소문이 퍼져있었다. 그들은 16세
기 말부터 일본의 발견과 탐험을 위해 은밀하게 준비하고 있었다.
1611, 12년에 에스파냐의 탐험가가 일본의 동쪽 해안을 항해하고
2대 장군 히데타다(秀忠, 재직 1605~23년)의 허가를 얻어 태평양
쪽을 측량한 것은 그러한 의도에서 나온 것이다. 이어 1643년에는
네덜란드가 두 척의 배를 이끌고 왔고 그중의 한 척의 선장은 다
른 배와 떨어져 땔감과 물을 구한다고 하여 야마다 만에 상륙했
다. 그러다가 남부번의 관리에게 잡혀 10인이 모리오카로 보내졌
고 나중에 막부의 손에 인도되게 되었다. 네덜란드의 항해자들은
야마다가 좋은 항구인 것을 알고 있었던 것 같다. 하지만 이때는
막부의 쇄국령이 아직 유효한 시기였기에, 남방의 바다로부터 오
는 외국배와의 교섭은 잠시 중단되었다. 그 대신 16세기에 들어서
부터 북방에서의 러시아의 남하가 한층 강한 자극을 도호쿠의 여
러 번에게 주게 된다.

　보물섬 탐험을 위해 도호쿠에 온 러시아의 항해자가 센다이번
의 해안을 조용히 살피고 다닌 것은 1739년 봄의 일이다. 그러나

···········

7 이와테현의 군으로 율령제의 행정구역으로는 무쓰국에 속했다. 말의 산지로 유명.

러시아인이 조직적으로 우리 북해의 소재에 출물하게 된 것은 18세기 후반부터로 일본과 상호 개방을 절실하게 바라던 러시아는 1778년에는 사신을 네무로(根室)에 보내고 있다. 이어 1792년에는 러시아황제가 직접 사절을 하코다테(函館)에 보내고, 그로부터 12년 후에는 다시 나가사키(長崎)에 사신을 보내고 있는데, 막부는 계속 거절하고 있다. 이에 화가 난 러시안 인은 사할린과 치시마에서 관아를 습격하고 폭력을 행사했기 때문에 다소의 사상자까지 발생하는 불행한 사태에 이르렀다. 막부의 명에 의해 동쪽 에미시 땅의 경비를 담당하던 남부 번의 수비대는 1811년에 구나시리(國後)에 들어온 러시아 측량선의 선장을 체포하자, 러시아 쪽에서는 다시 보복 조치로서 다카다야 가헤에(高田屋嘉兵衛, 1769~1827년)를 잡아가는 사태가 일어났다. 북변의 시끄러운 소동 중에 모리오카의 우마마치(馬町)의 대장간에서 일하던 오무라 지고헤이(大村治五平, 1751~1813년)가 러시아에 끌려갔다가 양국 관계가 회복하게 되자 다시 돌아온 일이 있다.[8] 이렇게 러시아 영토를 살펴볼 기회가 있었지만, 무학의 지고헤이로부터는 쓸 만한 정보가 없었다. 아니 그 만이 그런 게 아니다. 1744년에는 다케우치 도쿠헤에(竹內德兵衛)라고 하는 자가 16인의 수부들과 캄차카에 표착했는데 살아남은 사람들은 모두 러시아에 귀화하여 유감스럽게도 그들에 대한 후속 소식은 없다. 따라서 쓸 만한 표류담도 그 정도

....
8 지고헤이에 대해서는 긴다이치 교스케(金田一京助, 1882~1971년)씨의 교시에 의한다. (지은이 주)

로, 러시아와 관련된 이야기는 국민의 기억으로부터 점차 사라져
간다.

　표류민을 통해서는 달리 알 방법이 없다고 해도 러시아로부터
의 자극은 실제로 상당히 강렬한 것이었다. 하코다테에 유폐된
골로브닌(1776~1831년)[9] 등은 당시의 일본인의 러시아 연구에 적지
않은 편의를 제공한 것은 말할 필요도 없다. 무라카미 데이스케
(村上貞助, 1780~1846년)의 러시아 어학의 연구도 이렇게 시작되었
다. 그런데 러시아인과의 북변에서의 절충에 가장 가까운 위치의
남부번사 중에 어느 한 사람의 양학연구자, 러시아 연구자를 배출
하지 못했다는 것은 실로 허망하기 그지없는 일이다. 과연 비범한
경세론적 인식을 가졌던 마사무네의 영내로부터는 하야시 시헤이
(林子平, 1738~93년) 같은 사람이 나와 탁월한 해방론을 내고 있고,
난학의 조직적 조술자인 오쓰키 겐타쿠(大槻玄澤, 1757~1827년)가
이치노세키(一關)로부터 나오고 있으며, 개국의 실제 운동가인 다
카노 초헤이(高野長英, 1804~50년)는 미즈사와(水澤) 출신이다. 쇼
나이(莊內)에서는 기요카와 하치로(淸川八郎, 1830~1863년) 같은 지
사, 아키타번은 사토 노부히로(佐藤信淵, 1769~1850년) 같은 경세
제민의 대 논객을 낳았는데 반해, 남부번은 거의 잠자고 있는 것
과 같은 상태이다. 남부 노부나오(南部信直, 1546~99년)로부터 15

9　러시아의 해군 사관으로 1811년 치시마를 측량했다가 체포되어 하코다테(函館)에
　서 2년 3개월 억류되었다. 러시아는 그의 석방을 위해 다카다 등을 체포하여 나중
　서로 교환하였다.

대의 군주가 번갈아 가며 300년이나 세력을 잡았다. 그중에서 구미 각국과의 교섭이 점차 많아지고 있던 18세기 말 일본에서는 신일본 발전을 위해 뜻있는 자들은 무언가 노력을 다했을 것인데, 러시아로부터 끝없이 자극을 받는 위치에 있던 도호쿠의 가장 큰 번인 남부번이 두 팔을 끼고 아무것도 하지 않은 것은 어이가 없다고 할 수 있다. 말하자면 따뜻한 고타쓰에 앉아 3백 년이나 겨울잠을 자고 있었던 것과 같은 이치이다. 노부나오는 도요토미와 도쿠가와의 세력에 영합, 즉 당시의 대세에 순응하여 시대의 성공자라도 되었지만, 그의 자손들은 시대의 바람을 읽으려는 노력도 의지도 없는 채로 그저 멍하니 조류의 흐름에 흘러간 것에 지나지 않았다. 만 가지 폐해의 근원은 착각하여 대세에 순응하는 것이다. 사대사상은 그 산물로서 이것이 모든 사람의 마음 밑바닥에 고여 쌓여 있는 것과 같다. 유럽의 역사와 유럽 이외의 역사를 비교한 역사가는 유럽에서는 사람이 자연을 지배한다고 하는데, 유럽 이외의 지역에서는 사람을 제압하는 것은 자연이라고 단정하고 있다. 저 가난한 스코틀랜드에서는 확실히 사람이 그 자연을 이겨낸 것이고, 일본의 향토는 개인이 아직 약해 자연에 이길 방법이 없다는 것과 같다. 스코틀랜드의 국민적 시인인 로버트 번즈(Robert Burns, 1759~96년)는 스코틀랜드의 독립을 위해 싸우다 죽은 윌리엄 월리스를 노래하면서 그는 죽었지만 실제로는 이겼다고 했는데, 이것은 정말 말 그대로이고 스코틀랜드인이 그들의 이른바 스코틀랜드의 혼을 가지고 있다는 것, 그것에 의해 월리스의 목적은 이루어진 것이라고 한다. 때문에 그는 패사했지만 이

의미에서는 확실히 승리의 영관을 쓴 것과 같은 것이다. 그런데 도호쿠의 월리스에 해당하는 마사자네(九戸政實)의 경우는 어떠한 가. 남부의 역사가 이토 스케키요(伊藤祐清, 1678~1745년)는 그를 평가하면서 "몸을 망쳐 처자를 죽게 하고 일족 수천인을 죽게 하여 하루아침의 이슬이 되게 함으로서 그 악명을 후세에 남긴다." 고 적고 있는데, 이것은 말 그대로 마사자네는 대세순응주의자인 노부나오 때문에 완전히 패배하고 멸족되었다. 이러한 순응주의는 시대의 승리자인 듯 보이지만 그 대신에 불패독립의 도호쿠의 혼이 위축된 것으로 아쉽기 그지없다. 때문에 이번 모임에서 만약 구노헤 환(九戸丸)이라는 각성제를 살 수 있다면 나부터 제일 먼저 애용자가 되어 보잘 것 없는 나의 기운을 고양하고 자신의 약한 의지를 깨우치고 싶다. 이상으로 이번 저녁의 나의 이야기는 이제부터라도 비굴한 남부의 혼을 버리고, 이를 대신하는 구노헤 혼(九戸魂)을 부활해야 한다는 한 가지 말로 귀착된다고 할 것이다. (1932년 12월 15일, 『신이와테인(新岩手人)』 회의록)

제2장

일본의 남진정책

1

아시아대륙은 적도로부터 북위 60도 근방까지 긴 뱀처럼 연결된 크고 작은 많은 섬들로, 세계 최대의 바다인 태평양의 거친 파도로부터 동방의 모든 해안을 감싸는 형태로 되어있다. 이 섬들은 대체로 서남쪽에서 동북으로 달리고 있는데 일본은 맞은편에 있는 아시아의 연안과 함께 만드는 수륙의 상태에 의해 내해의 다섯 개의 고리로 나누는 것이 가능하다. 혼슈, 시코쿠, 규슈, 북해도와 사할린으로 구성되는 일본 제국영토가 한반도와 연해주와 인접해 만든 동해(일본해)를 가운데로 하고 그 남쪽에는 규슈로부터 류큐, 타이완을 거쳐 팽호도에 이르는 섬들이 한반도와 중국대륙과 함께 감싸고 있는 발해, 황해, 동중국해가 있으며 북쪽에는 오호츠크해의 고리로 연결된다. 세 개의 고리는 남쪽으로 퍼져서 타이완, 필리핀, 보르네오, 수마트라의 섬과 인도차이나반도 그리고 남중국해로 나누어지는 매우 불규칙적인 보르네오해를 포함한 남중국해가 있고, 또 북쪽에는 알류샨열도에 의해 남쪽을 구분되면서 아시아, 아메리카 양 대륙의 끄트머리에 의해 만들어지는 베링해가 있다. 이 다섯 개의 연결고리 속에 지중해 같은 형태를 띠고 있는 것은 가운데 동해만으로 이로부터 북상함에 따라 각각의 바다의 한 부분을 이루는 섬들이 산재하고 자원이 적은 것에 반해, 남하함에 따라 섬의 개수가 많게 될 뿐만 아니라 그 섬의 면적도 넓고 풍요롭게 된다. 동해를 단위로 하여 보면 그 면적은 오호츠크해는 동해의 1.5배를 차지하는데 동중국해는 1.2배이기에 대체로 비슷하다고 할 수 있다.

이처럼 아시아의 동쪽과 남쪽 해상에 산재하는 많은 섬 중에 대안의 대륙에 대하여 독립 자주의 섬 제국으로써 존재하는 것은 거기에 내장하고 있는 자원으로 보아 동인도의 섬들과 일본열도 외는 없다. 실제로 동인도의 섬들을 이루고 있는 말레 인종은 태생의 해양민이고 꽤 넓은 바다에 분포하고 있기에 북유럽의 노르만 민족에 비할 정도다. 말레인은 노르만인처럼 다른 민족에 동화되어 없어지지는 않았지만, 그들은 인도문화, 회교 등 모든 외래 문화를 받아들여 자신의 민족적 재능을 발휘할 수가 없었고 드디어 백인에게 독립을 빼앗겼다. 따라서 미래의 일은 알 수 없다지만, 현재 아시아의 동쪽을 덮고 있는 섬에 있어서 이를 제압할 수가 있는 지위에 있는 것은 일본뿐이다.

2

지질학상에 있어 제4기의 전반에는 일본은 한반도 및 중국과 연결되어 있고 그 당시는 대륙의 매머드도 일본으로 건너왔다.

이 섬들에 인간이 살게 되었던 것은 동해가 만들어지고 일본이 분리된 이후일지도 모르겠지만, 만약 당시의 극동이 현재 우리가 목격하고 있는 섬과 비슷한 형태를 띠고 있다고 한다면 대륙에서, 혹은 남방의 섬으로부터 일본으로 건너오게 된 것은 자연의 지세에 따른 것이라고 할 수 있다. 일본의 주위를 흐르는 한류와 난류인 오야시오[1]와 구로시오는 일본 혼슈의 동쪽과 남쪽을 흐르고, 겨울과 여름의 계절풍은 동북에서 또는 남서로부터 교차적으로 불어오기 때문에 이를 잘 이용한다면 뗏목의 원주민이라도 멀고 먼 남쪽 해상으로부터 자연스레 극동의 이 낙원에 이를 수 있다. 대륙의 인민이 헤이룽강(흑룡강) 하구에서 가까운 사할린으로 건너 소야해협[2]을 건너 기후가 좋은 따뜻한 섬으로 남하하는 것은 남방 해상의 주민이 보다 온화한 풍토를 구하여 북상하는 것과 같고 이는 인류의 자연스러운 동향이다. 이처럼 기후가 온화하고 땅이 비옥하고 풍요한 나라는 동서남북으로부터 모든 종족이 모이게 됨에 따라 긴 세월 동안 조화롭게 일본민족을 구성하게 된다.

일본의 섬들도 이를 통제하는 견고한 중앙정권이 만들어지면 이 나라를 둘러싸는 잔잔한 바다에 외부로부터 침입하는 것이 상당히 어렵다. 대륙의 인민이 이 광막한 동중국해나 동해를 가로질러 바로 일본을 침략하는 것은 쉬운 일은 아니었다. 영국은 유럽

----

1 오야시오 해류(일본 동해안을 남쪽으로 흐르는 한류).
2 소야해협, 홋카이도(北海道)와 소련 사할린 사이의 해협.

대륙에 접근하여 횡단하는 점에서는 일본의 아시아대륙에 비할 바는 아니기에 1066년까지는 셀 수 없을 정도로 대륙으로부터 침략을 받아 점령되기도 했다. 일본도 익히, 쓰시마를 거쳐 한반도에 가는 것이기에 한반도 연안의 모험적인 해적의 입맛을 돋우기에 충분했다. 때문에 10세기 말부터 1019년까지 그들은 자주 현해탄을 거쳐 쳐들어왔지만 일본의 국토를 점령하는 것은 불가능했다. 대몽골이 충분한 준비를 하였음에도 불구하고 1274년, 1281년의 침입은 참담한 패배로 끝났다. 영국도 1066년의 노르망디 공의 침입 때 같은 위협이 반복되었지만, 일본에 있어서는 외국인에 의한 점령이라고 하는 것은 역사상 존재하지 않았다.

3

이처럼 언제나 외국으로부터의 침략을 격퇴해왔던 일본은 옛날부터 해외로 나아간 역사가 있다. 실제로 일본에게서 극동의 해상이 차지하고 있는 지리상의 위치를 말하자면 어느 방면으로라도 나갈 수 있는 천연의 혜택을 받고 있다는 사실을 인정하지 않으면 안 된다. 북쪽이라면 서북과 동북의 두 가지가 있다. 서북을 가리킨다고 하는 것은 혼슈의 서쪽에서 섬을 따라 건너편의 한반도에 건너갈 수 있고, 또 동북으로 향하면 북해도에서 사할린을 거쳐 혹은 치시마의 섬들을 경유하여 멀고 먼 오호츠크해와 베링해에 이를 수가 있는 것으로 그 어느 것도 주로 극동 대륙을

목표로 하는 것이다. 남쪽 열대지방으로 손을 뻗치려고 하면 동남
쪽과 서남쪽 두 개로 나누어지는데, 그중에 동남으로 향한다면
이즈(伊豆) 7도로부터 아오가시마(靑ヶ島)를 거쳐 오가사와라(小笠
原)에 이르고 화산열도를 지나 북회귀선을 넘어 마리아나, 캐롤라
인 제도를 경계로 하여 나아가 뉴기니에 이르며, 또 서남이라고
하면 류큐, 타이완에서 필리핀과 동인도군도에 이르고 나아가 뉴
기니에 이르러 결국 남방의 호주대륙까지 갈 수 있는 것이다.

그러나 19세기 중엽에 구미 열강에 문호를 개방한 일본은 태평
양의 바깥쪽인 동북, 동남 두 개의 시선은 거의 등한시하고 막부
및 제번의 통제는 치시마에서는 쿠릴열도 중부의 우루프섬(得撫
島)의 동쪽에 미치지 못했고, 사할린은 러시아인의 남하에 따라
방기되었으며, 그로부터 이즈 7도 이남의 수면에 이르러서는 전
혀 일본의 권력이 미치지 않았다. 오가사와라는 히데요시가 조선
을 침략한 다음 해 1593년에 발견되었지만, 누구도 거기에 가서
개척하려고 생각하지 않았다. 이때로부터 76년 후인 1669년에 아
와(阿波)에서 아오가시마나 도리시마(鳥島) 중의 하나로 생각되는
무인도에 흘러 들어간 자가 있고 게다가 1675년에는 아오가시마
에 표착한 일본인이 있는 것을 알았다. 그래서 막부는 쇄국이라
고 해도 그대로 둘 수 없다고 생각했던지 시모다(下田)로부터 관
선을 내어 이 섬들을 탐험하고 아오가시마나 오가사와라를 조사
하고 막부에게 보고한 그뿐이었다. 당시는 쇄국령이 발령된 지
40년도 지나지 않았다고 하더라도 이러한 멀리 있는 바다를 항해
할 수 있는 배도 없었던 것이기 때문에 나가사키 관리에게 명령

을 내려 중국인으로부터 5백 석 탑재가 가능한 배를 빌려 원정에
사용했다.

이러한 사정이었기 때문에 일본이 개국하기까지 긴 시간을 통
하여 다시 외부로 나가게 된 것은 먼저 한반도로 나간 대륙정책이
되었으며, 또 규슈 남부의 사쓰난(薩南, 혹은 남서 제도) 제도[3]로부
터 대륙으로 다시 남하한 것은 적도의 풍부한 세계에 이르는 해양
정책으로 나타났다.

4

우리 산음(山陰) 지방과 한반도 사이에 동해를 통하여 중요한
교통이 이루어진 것은 모두 다 아는 바이지만 이는 기록이 없는
시대의 일이다. 고시노쿠니(越國)와 데와, 쓰가루 등의 해안에 에
미시와 숙신(肅愼)을 정벌한 이야기도 전해지지만, 그 일은 명확
하지 않다. 나라(奈良) 시대 말부터 헤이안(平安) 시대에 걸쳐 발해
로부터의 조공이 있었지만, 이것도 일시적인 것에 지나지 않는다.
따라서 일본역사상의 동해의 역할은 20세기에 이르기까지는 2차
적인 것이라고 해도 좋은 것으로 일본이 대륙으로 확실하게 근거
를 얻고 동해의 길을 연 것은 러일전쟁 이후이다. 아니 가장 확실

....

3 보통 북쪽으로는 다네가시마(鍾子島)부터 남쪽은 요론지마(與論島)까지를 이야
  기한다.

한 것은 만주의 건국이라고 해야 한다.

그렇기에 평화의 관계라고 하더라도, 서로 간발의 차이로 만나더라도 일본의 해외에 대한 모든 교섭은 남북과 서남 두 개의 관점, 즉 동중국해로 가는 것이었다. 서북쪽 대륙에 향하는 일본의 정책은 한반도와 일본을 연결하는 확고한 역사적 기초위에 성립한다고 하는 원대한 생각 하에, 이리하여 '임나일본부'는 수백 년에 걸쳐 보호되었다. 하지만 당시의 일본이 가진 실력은 아직 불충분하고 '임나일본부'는 한반도에 할거하는 세력의 싸움에 의해 미미한 생명을 지속해온 것에 지나지 않았다. 그리고 흠명(欽明)천황 23년, 즉 562년에는 드디어 신라에 의해 멸망한다. 그로부터 100년 동안 일본은 '임나일본부'를 수복하기 위해 군대를 한반도에 네 차례나 보냈지만, 그 목적을 이룰 수 없고 천지(天智)천황 때 드디어 대륙으로의 계획(백강싸움, 백촌강싸움)을 실현했지만 어쩔 수 없이 철수하기에 이르렀다.

이리하여 대륙정책을 포기했지만, 연해의 섬까지 버린다는 의미는 아니었다. 추고(推古)천황 때인 7세기 초에 수나라의 양제는 중국을 통일한 기세로 류큐까지 그 권력을 미치려고 했기 때문에 일본은 사쓰마의 섬들을 버릴 수가 없고 천무(天武)천황 679년에는 다네(種子)의 사람, 이어 아마미(奄美)가 내조하고 또 문무(文武)천황의 702년에 다네(種子)의 반란을 평정하고 나서 일본의 위력은 이 섬들에까지 이르게 되었다.

그 이후로는 해외에 관한 관심은 일절 포기하고 모든 주의는 국내로 집중되었다. 천지천황은 대화개신(大化改新)의 정책을 철저히 시행하는 것에 의해 뛰어난 중국의 문물을 끊임없이 수입했다. 견당사(遣唐使)는 끊임없이 동중국해를 왕복했다. 교통상의 관계에는 때로 부침이 있고 성쇠가 있었지만 당대로부터 송 대에까지 계속되어 나아가 원구(元寇, 몽골) 때까지 이른다.

일본이 완전히 내치에 힘을 기울인 것은 나중 크게 주위에 진출하려는 뜻으로 나온 것이었다. 그런데 외부로 향하여 힘을 펴기 위해서는 내부가 충분히 통일되지 않으면 안 된다. 그런데 이러한 통일은 불행히도 아직 충분히 달성되지 않았다. 그래서 천지천황 이후의 역대 정부는 특히 에미시의 정벌에 힘을 쓰고 동해를 따라 천지 시대에 자주 평정했지만, 무쓰의 에미시는 그로부터 100년 동안 반란 상태를 지속했다. 그래서 사카노우에노 다무로마루의 원정군이 아사와성과 시와성을 쌓은 것이 헤이안 조 초기인 9세기 초였다. 그로부터 150년 지나 '전9년, 후3년의 싸움'이 되고 고토바(後鳥羽, 재위 1183~98년)천황 때의 1189년에 이르러 오우지방은 비로소 가마쿠라막부로 완전히 통일되었다. 이는 몽골의 침입보다 80년 앞선 일이었다.

5

무가의 손으로 일본의 통일이 완성한 것은 일본이 해외 팽창을 위한 준비 공작이 어느 정도 완성된 것을 뜻한다. 새롭고 훌륭한 일본 문화는 비로소 꽃피게 되었다. 유라시아 대륙을 완전히 지배한 대몽골의 원정군이 멀고 먼 일본 정벌에 실패했고 무참한 패배를 당한 것도 결코 우연이 아니다. 이 싸움에서 우리나라는 다행히 한 조각의 땅도 잃어버리지 않았지만 원구는 우리 민족이 일찍이 맛보지 못한 무서운 경험이었다. 따라서 이 국난만큼 심각한 인상을 우리에게 준 것은 없었다. 천지천황 즉위 초기에 대륙으로부터 철수하는 새로운 정책을 채택한 일본은 600년에 미치는 긴 시간에 이르러 대륙에 대해서는 수동적이었다. 한반도를 통하기도 하고 혹은 직접적으로 수와 당으로부터 문물을 수입하고 이를 받아들이는 것에 게을리 하지 않았지만, 양국의 교섭은 경제적 또는 문교적으로 것으로 한정되어 있고 아직 정치적으로는 미치지 않았기 때문에 일본의 대륙에 대한 관심은 저절로 소극적이었다. 그런데 갑자기 일본의 존재를 위협하는 무서운 대군단이 대륙으로부터 쇄도해 온 것이다. 그래서 이 위기에 처해서 잠자고 있던 일본민족의 대외의식은 각성하게 된다. 일본민족의 선조는 국내의 작은 다툼, 한가한 다툼 외에 용감하게 팽창적으로 해상활동의 존재에 눈을 뜨게 되었다. 원구 이후 일본과 대륙 간의 교통은 일시 두절되었는데 그로부터 70년 정도 중국, 한반도와 중국 연안의 여러 군데에 일본 해적의 대규모 침탈이 시작되었다. 이것이야말로 무로마치막부의 혼란기의 약탈행위, 이른바 왜구의 약탈이었던 것이다. 이는 생각건대 예전의 몽골의 침략에 대한 복수심으로부터 일어난 것이었고 이는 흑사병이 처음으로 구라파에 나타나 태풍처럼 휩쓸고 다닌 것과 거의 시기를 같이 하는 것으로 200년이나 계속되었다.

　왜구에 이어 전국(戰國)시대로부터 에도시대의 초기에 걸쳐 가장 두드러진 현상은 일본의 역사에 일찍이 전례가 없는 훌륭한 발전이 일본민족에 의해 이루어졌다는 것이다. 해적인 왜구의 활동구역은 한반도, 타이완, 동중국해의 연안 부근이고, 그들의 기세는 때때로 타이완 해역의 남쪽에까지 미쳤다고 하더라도 중국 해안의 밖으로는 나가지 않았다. 그런데 그들 해적은, 무장한 상인집단이 되어 결국에는 평화의 시기가 되자 다른 나라에 거류지를 만들어 서서히 통상무역을 하게 된다. 왜구 이후의 일본의 모험가들은 서남쪽으로, 다시 남쪽으로 확장하여 남중국해를 둘러싼 대륙의 연안과 그 섬들까지가 그들의 활동무대가 되었다. 이것은 동양에 건너온 구라파 인으로부터 받은 자극에 대한 반동이지만, 당시의 일본 위정자도 결코 이것에 무관심하지는 않았고 그들은 가능한 한 성원을 하고 그들의 팽창적 요구에 응하는 것을 게을리 하지 않았다. 얽히고설킨 전국시대가 점차 위대한 인물의 손에 통일되고 집중됨에 따라 중앙정부는 외부에 대해 힘 있는 정책을 펴게 되었다. 특히 히데요시는 웅대한 뜻을 품고 서북, 서남의 양방향으로 큰 활약을 하고 아주 대담하게도 대륙과 해양의 양대 정책을 세웠다. 그는 한편으로는 타이완과 필리핀을 위협하고, 다른 한편으로는 무력에 의한 침략으로 일거에 제2의 일본을 대륙에 만들려고 했는데 뜻을 이루지 못하고 죽어서 꿈은 이루어지지 못했다. 히데요시의 후계자인 이에야스는 위험한 도전정책을 중단하고 오로지 평화주의를 채택하는 것에 의해 통상의 발전을 꾀하였다. 그리하여 1582년에 세 사람의 소년 사절이 규슈의 세 번으로부터 유럽에 파견되어 대서양의 파도와 유럽의 토지를 처음으로 일본인이 밟은 전후로부터 21년 후에 하세쿠라 로쿠우에몽(支倉六右衛門)이 태평양을 건너는 대항해를 경험하고, 관영(寛永) 연간(1624~44년)에 이르기까지의 6, 70년간에 이르러 일본인의 마카오, 통킹, 안남, 점파, 캄보디아, 시암, 말레이반도, 남중국의 연안에 있어서의 활약은 대단히 왕성한 것이었고 당시 호이안,[4] 아유타야, 마닐라 등에는 일본상인의 거류지가 있었을 정도이다.

6

그런데 이 양양한 일본민족의 팽창노선은 1636년의 외국 도항의 금지와 1639년에 발포된 외인 도래의 금지에 의해 갑자기 좌절되었다. 원래 일본에서는 개국은 고래의 국시라고 해야 할 것으로, 상하 2천 년의 일본 역사상 일찍이 쇄국이라고 하는 것은 없었는데 이 현명한 국시를 하루아침에 폐기한 것이다.

포르투갈이 고아를 점령한 것은 무로마치 말기의 1501년이다. 이로부터 7년 후에는 그들은 광둥에 이르고 1535년에는 마카오를 명으로부터 조차하고 이어 동인도의 섬들을 점령했고 그로부터

....

4 베트남 꽝남성의 남중국해 연안에 있는 작은 도시.

에스파냐는 멕시코에서 태평양을 건너 필리핀에 이르고 1564년
에 이를 손에 넣은 지 6년 후에는 마닐라를 수도로 삼았다. 그런데
1580년에 포르투갈인은 에스파냐에 병합되었기 때문에, 때마침
에스파냐에서 독립하여 정치상 종교상으로 에스파냐 포르투갈 등
의 구교를 믿는 나라를 적대시했던 네덜란드는 서유럽에서의 종
교상의 전쟁을 극동의 해상까지 끌고 와 끝없이 동양에서의 포르
투갈의 식민지를 약탈했다. 즉 1602년에 동인도회사를 세우면서
처음으로 함대를 동양에 파견한 네덜란드는 1615년에는 인도네시
아의 한 섬인 암보이나(Amboyna, 암본섬)에서 포르투갈인을 추방
하고, 1621년에는 파타비야를 세웠다. 포르투갈인으로부터 마카
오를 뺏으려고 했던 다음 해 1622년의 계획은 성공하지 못했지만,
그 대신 팽호도는 그들의 손에 들어갔으며 1624년에는 타이완에
도 근거지를 확보했다. 네덜란드의 활동은 상당히 맹렬하였고
1651년에는 포르투갈인은 마라카로부터, 7년 후에는 스리랑카로
부터 쫓겨났으며 1666년 네덜란드인은 세레베스[5]를 빼앗고 티모
르의 동쪽 반을 제외한 거의 동인도군도의 포르투갈령의 전부를
자신의 것으로 하였다. 영국도 이들의 뒤를 따라 동양에 찾아왔지
만, 늦게 진출했던 탓으로 하나의 근거지도 동양에서는 얻을 수
없었기 때문에 일본과의 무역도 전혀 생각하지 못하고 1, 2년 만
에 겨우 히라도(平戸)의 상관을 철수하지 않으면 안 되었다.

....

5 인도네시아 동부 칼리만탄섬 동쪽 섬. 식민지 시대는 세레베스섬(Celebes)이라고
   불렸지만, 인도네시아 독립 후에는 일반적으로 술라웨시섬이라고 불린다.

서남팽창선을 따라 대소의 많은 섬이 점재하지만 이야말로 진취적인 일본인의 당연한 소유물이지 않으면 안 된다. 따라서 왜구 중에 나타난 왕성한 해양본능이 위축하는 것이 없었다면, 모험적인 일본인은 유럽이 동양에 나타나기 전에 이러한 섬을 자신의 영토로 했을 것임에 틀림없다. 가정하자면 느릿느릿 하는 중에 유럽인이 오기 전에 충분히 손을 쓰지 못했지만, 민첩한 일본인들의 선조이니만큼 에스파냐, 포르투갈, 네덜란드 3대 국민에 의해 동양에서의 이익을 그들에게만 빼앗겨버리는 일은 없었을 것이다. 일본인도 새로운 땅을 획득하는 경쟁에서 상당한 역할을 할 수도 있다고 생각한다. 하마다 야효에(浜田彌兵衛)가 타이완에 건너가서 네덜란드인들을 사로잡은 것은 1628년이었다. 이는 네덜란드인이 타이완을 점령한 바로 그 시기였기 때문에, 만약 당시의 우리 막부에게 히데요시가 40년 전의 1588년, 나가사키로부터 포르투갈인을 쫓아냈을 정도의 담대한 결단 아래 강경한 태도를 가지고 야호에에게 원조를 해줬다면 타이완에 가자마자 아직 철저한 준비가 없었던 네덜란드인과 에스파냐인을 쫓아내는 것은 그다지 어려운 일이 아니었을 것이다. 이는 네덜란드인이 바타비야를 동양 침략의 근거지로 정하고 나서 아직 3년 정도 지난 때였다. 멀고 먼 본국으로부터 동양까지 희망봉을 지나 유력한 육해군을 보낸다고 하는 것은 쉬운 일이 아니다. 한반도를 정벌하지 못한 아픈 경험(임진, 정유왜란)을 맛보고 나서 아직 얼마 시간이 지나지 않은 예전의 출정 용사들은 남몰래 받아야 하는 야유를 참지 못했을 것이다. 아깝게는 평화의 정책의 달콤함을 한번 맛보게 되자 막부는 다시 위협을 무릅쓰려는 기운을 잃고 말았다. 당시에 만약 타이완이 일본의 손에 들어왔다면 서남 방향의 팽창에 가장 중요한 전진기지가 되어 이미 남중국해의 근방을 차지한 일본의 이익은 더한층 확실히 야호에의 손에 보장되었을 뿐만 아니라 다시 제2, 제3의 기지도 쉽게 손에 넣을 수가 있었을 것이다. 이 남진 정책이 확고한 것이 되었다면 여송에서 보르네오, 세레베스에 진출한 용감한 일본의 개척자가 다시 적도를 넘어 뉴기니에 이르게 되고 마지막에는 호주의 신세계를 차지하는 것도 불가능한 것은 아니었다. 호주대륙을 에스파냐와 네덜란드의 탐험가가 방문한 것은 1606년이었는데, 당시의 유럽인은 북반구에서 식민과 통상의 이익을 차지하는 것에 전념했고 먼 대륙을 살필 여유가 없었다. 영국의 대탐험가인 쿡(James Cook, 1728~79년)의 탐험은 이때로부터 170년 뒤의 일로 그로부터 처음으로 호주의 존재가 명백하게 된 것이다. 그렇더라도 좀처럼 손을 쓸 수가 없고, 영국이 처음으로 여기에 식민을 보낸 것은 북미의 식민지 독립으로 인해 생긴 손실의 부족분을 보충하려고 하는 생각에서 나온 것으로 그것은 1788년의 일이었다. 지리적으로 보더라도 당연히 극동의 부속 땅에 지나지 않던 호주대륙은 이렇게 극동의 민족이 너무나 냉담하였기 때문에 드디어 유럽인의 손에 돌아가고 말았다.

일본의 250여 년에 해당하는 쇄국 정책을 중국의 만리장성보다도 유효한 것이라고 하고, 이것에 의해 일본은 유럽의 제국주의로부터 자기를 방어하는 것이 가능했다는 의견도 있다. 쇄국에 더하여 일본은 유럽과의 불편함을 피하는 것이 가능했지만, 원래는 매우 개방적이고 진취적이었던 일본이 이 때문에 퇴행적인 겁쟁이로 된 것도 사실이다. 이러한 소극적인 생각과 태도가 자기 방위의 제1 수단이 되었기 때문에 왜구로부터 시작되어 전국시대와 도쿠가와 시대 초기에 걸쳐 남해로 진출한 일본의 민족적 팽창의 기운은 하루아침에 무너지고 남중국해에서 호주에 이르는 육지와 그 무진장의 자원을 모두 유럽인의 손에 넘기는 결과가 되고 말았다.

7

유럽제국이 극동으로부터 멀어지고 중국과 일본이 영원한 태평의 꿈을 꾸게 했던 것은 이들 극동 제국의 완고한 쇄국정책 탓만은 아니다. 17세기 이후 정치적 종교적인 싸움에 말려 들어가 합스부르크, 부르봉 왕조를 시작으로 여러 큰 왕조 사이의 심각한 싸움이 있고 온 유럽에 전쟁이 끊이지 않았다. 그 사이에 식민지에서의 작은 갈등은 때때로 일어났는데 에스파냐, 포르투갈, 네덜란드의 3대 선진 식민국의 세력범위는 이미 정해졌고, 따라서 필사적으로 싸움을 한 것은 인도와 북미를 다투고 있었던 영국과 프랑스의 두 나라뿐이었다. 극동은 말하자면 당시는 아직 문제가 아니었다. 구미 제국이 극동에 관심을 돌린 것은 교통의 혁명과 공업의 혁명에 자극받은 그들이 대서양과 인도양으로부터 식민적 상업적 활동의 무대를 태평양으로 옮기고 강하게 문을

닫고 있었던 중국과 일본의 문호를 열 필요를 통감하게 된 19세
기부터의 일이다. 이리하여 이 운동의 선봉을 담당한 것은 영국
과 미국 두 나라였다. 그들의 포경선과 상선으로 일본의 서남, 동
남의 양쪽에 출몰하는 것은 세월이 조금 더 필요했다. 오가사와
라섬은 멕시코와 필리핀 사이를 왕복하고 있었던 에스파냐인에
의해 이미 알려졌는데 그러나 누구도 여기에 관심을 갖지 않았
다. 그래서 영국의 측량선은 1827년에 처음으로 이 무인도에 상
륙하고 이를 영국령으로 선언하고, 이로부터 3년 후가 되는 1830
년에는 하와이에 사는 구미인은 남과 여 모두 7인의 토인을 데리
고 여기에 이주하였다. 미국의 페리도 러시아의 푸차친[6]도 모두
1853년에 일본을 방문하면서 교대로 이 오가사와라에 기항한다.
오가사와라는 무인무주의 외로운 섬이었기 때문에 구미인이 이
를 살피는 것도 당연하다고 생각되지만 그들의 눈은 류큐 열도에
뻗치고 있었다. 류큐는 일본과 중국의 양쪽에 속하는 형태를 띠
고 있었는데 구미의 열강에 굴복하여 이미 1847년에는 프랑스,
그로부터 7년 후인 1856년에는 미국, 마지막 1859년에는 네덜란
드와 독립국의 자격으로 각각 화친 통상조약을 맺었다. 그리고
일본 스스로도 1854년에 200년을 넘는 쇄국정책을 버리고 구미
열강에 문호를 개방한다.

이렇게 일본 제국의 지질학적 연장선임이 틀림없는 후지, 기리

---

6 Jevfimij Vasil'jevich Putjatin, 1803~83년. 1853년 일본 나가사키에 내항하고
나중 1855년에는 일본과 화친조약을 맺는 등 극동 외교에 활약.

시마의 양 화산대도 구미인이 쳐들어온 지 얼마 되지 않아, 다시 북쪽에서는 러시아인이 일본의 방비가 약한 곳을 따라 계속 남하하여 동북쪽에서는 치시마와 사할린을 잠식하였고, 또 서북쪽에서는 쓰시마를 점령하게 되었다.(1861년) 그래서 이제 겨우 나라를 개방하자마자 개국과 쇄국의 문제로 국론이 갈라지고 내외적으로 매우 일이 많았던 에도 막부도 편하게 있을 수는 없게 되었다. 러시아에 대해서는 영국의 도움을 구하여 우선 쓰시마에서 철퇴하도록 담판을 하고, 동시에 사절을 러시아에 보내어 치시마, 사할린의 경계선을 정하게 되었고, 또 한편에서는 1862년에 오가사와라를 살펴보고 이어 하치조시마(八丈島)의 농민 38인을 옮겨 살게 했다. 당시에는 오가사와라의 부도(父島)와 모도(母島)에 살고 있는 구미인은 대략 50여 인 정도였는데, 미국은 스스로 그 보호자인 것을 주장하고 우리나라에 항의했기 때문에 국내의 양이 운동으로 골치가 아팠던 막부는 이 이상 외국과 문제를 일으키는 것을 불리하다고 생각하고 아무 생각 없이 일본의 이민을 철수했다. 이는 매우 못난 태도였다.

이러한 복잡한 변경의 여러 문제는 에도막부의 손으로는 해결을 보지 못하고 결국 그 책임은 양이운동에 의해 막부를 외교상의 궁지로 떨어트린 메이지 정부의 당국자의 어깨에 맡겨지게 되었다. 1875년 러시아와 교섭을 하여 사할린과 치시마를 교환한 신정부는 동시에 외무성의 관리를 오가사와라에 보내 1876년 열국에 대하여 오가사와라가 일본의 영토임을 통고하고 이를 동경부의 관할에 두고 거기에 섬의 책임자를 두었다. 류큐는 1871년의 폐번

치현(廢藩置縣)을 근거로 가고시마현의 관할에 속하는 것으로 했기에 류큐 주민이 타이완에 표착하여 토인들에게 살해되자 일본은 1874년 타이완 정부를 위한 원정군을 보냈는데 중국은 이에 항의하고 류큐 번주도 역시 몰래 중국과 통하고 있었다. 그래서 일본은 중국에 대해서는 어디까지나 류큐는 일본의 속국이라는 주장을 양보하지 않았기에 결국에 그 목적을 달성하게 되었다.

8

일본이 개국하고 이른바 진취적인 대국을 세계에 표방하고 국내의 안정에 매달리는 가장 두드러진 현상은 인구가 격하게 증가한 일이다. 전체적으로 근대 일본의 인구 증가에는 완급의 차이가 있어 에도시대의 전반기에는 급속도로 증가하고 있다. 이는 긴 전국시대가 끝나고 평화와 질서가 세워진 당연한 결과이지만 그런데 후반기가 되면 그 속도가 멈춰진다. 에도시대 후반기 인구는 3,000만을 넘는 정도였는데 메이지시대가 되면 대약진을 이르게 된다. 호적법이 개정된 1872년의 인구는 3,311만이라고 하고 이를 20년 전의 막부 5년에 비하면 300만 명이 증가한 것이다. 그런데 1875년경부터는 증가속도는 한층 격하게 되어 1880년에는 3,600만 그로부터 12년 후에는 4,108만 나아가 10년 후인 1902년에는 4,604만이 되고 메이지 시대 최후의 해인 1912년에는 5,252만을 넘게 된다. 이를 메이지 초년에 비교하면 실로 약

2,000만의 증가세를 보인다. 특히 이러한 인구 증가는 반드시 다른 방면의 진보를 동반하는 것이라 할 수 없고, 이것은 무역에 비추어보면 메이지 초년을 표준으로 하고 10년대 초에는 무역은 배가하고 있고 10년대 말에는 세배로 되는 데 전체적으로 메이지 시대 초에는 일본의 산업은 아직 부진하였다. 메이지정부 초년의 내정상의 곤란이 있어 불환지폐가 범람하고 화폐의 차이가 없어진 것은 1886년부터였다. 이로부터 다소라도 경기가 성장하게 되고 1884년에는 산업회사의 수가 2,392개, 자본금 1억 엔이었던 것이 8년 후에는 회사 수가 5,644개, 자본금은 2억 8,900만 엔이 되었다. 이로부터 1886년에 방적공장의 물레수가 6만 9,000개였던 것이 1893년에는 다섯 배 증가하고 무역도 점차 보조를 빨리하여 1888년에는 메이지 원년의 약 5배, 이로부터 4년 후에는 6배로 급속도로 발전한다. 그래도 프러시아와 프랑스의 '보불전쟁(1870.07~1871.01)' 후의 독일의 비약적인 발전에는 따라가지 못한다. 미국 및 독일과 전후하여 메이지유신의 대규모 정책으로 시작한 일본은 산업혁명 및 민주적 혁명의 새로운 기술과 이론과 인생관을 수입하여 이들 신문명에 순응하기 위해 미국과 독일의 설계에 뒤지지 않은 노력을 기울인 것이다. 따라서 19세기 말에 이르기까지의 일본 국력은 아직 빈약한 것이었고 자원은 매우 결핍하고 충분한 것이 되는 것으로는 아직 부족하여 계획이 없는 상태의 노력만의 성과였다고 할 것이다.

메이지 시대의 팽창적 일본은 아즈치모모야마(安土桃山, 1573~1603년)시대로부터 관영 연간(1624~44)에 이르는 일본 인구 최초의 민족적 팽창의 시대와는 여러 가지 점에서 다른 바가 있다.
일본 역사상의 제1기의 팽창시대는 우리 민족의 확산은 남중국해
에 한정되어 있었던 것인데 메이지인의 활동영역은 거의 한계를
모르는 것이었다. 메이지 인에게 공급되는 발전의 신 지역은 세
개에 있었다. 건너편 아시아 대륙에 있어서는 러시아가 그 하나이
다. 이는 블라디보스토크를 기점으로 하고 연해주 및 시베리아
방면으로 퍼져 나가 1883년 이 방면의 일본인은 이미 626인을 넘
고 있고 2년 후에는 667인이었다. 멕시코 이남의 라틴아메리카는
두 번째이고 앵글로색슨 세계는 그 세 번째이다. 이 앵글로색슨
세계도 적도를 중심으로 하여 북방의 캐나다와 미국 그로부터 남
쪽의 대양주를 나누는 것이 가능한데 라틴아메리카와 하와이 및
북미로의 일본 이민에 대해서는 뒤에 서술하기로 하고 여기서는
오로지 남양과 호주 방면에의 일본민족의 발전에 대해 서술한다.

일본이 궁극의 국가로써 견고한 조직을 만들어내지 못했던 시
기는 근면하고 영리하며 손재주가 좋은 어떠한 일도 잘하는 일본
인은 농부로서 혹은 어민으로 또 혹은 상공인으로 태평양 연안의
새로운 주인공이 되었던 백인으로부터 도처에서 환영받고 있다.
네덜란드 사람은 우리 동포를 자바에 받아들여 1885년에 이미
1,949인의 일본인이 있었다. 호주방면에서는 1892년에 일본 노동
자의 600인이 뉴칼레도니아에 보낸 것을 시작으로 1894년에는 피
지제도에도 보내게 되었다. 나아가 호주의 동부인 퀸즐랜드나 뉴
기니 근방의 모쿠요시마(木曜島, 오스트레일리아 퀸즐랜드 주)에도
다수의 일본인이 보내져 1891년 이후 5~6년 사이에 호주에서의

의뢰로 최후 5차에 이르러 퀸즐랜드에 보내진 일본 이민은 1,495
인에 달하고 또 모쿠요시마에서 진주와 해삼에 채취에 종사하는
일본인은 1896년에 1,500인이나 있다. 이 당시의 모쿠요시마 인
구는 2,500인 정도였기 때문에 총인구의 3분의 2가 일본인이었
다. 만약 그대로 계속 일이 잘 풀렸다면 모쿠요시마도 제2의 하와
이가 될 것 같은 상황이었다. 퀸즐랜드에의 이민은 1897년부터
다음 해 9월까지 7회에 걸쳐 813인이 보내지고 이들은 모두 농민
으로 사탕수수밭에서 노동에 종사하였는데, 이 지방은 일본인의
활동에 가장 유망한 곳으로 여겨졌다. 하지만, 1902년 1월 호주의
연합정부에서 노동당이 세력을 차지하게 됨에 따라 그해 8월 이
민 제한의 신정책이 채용되고 백호주의(白濠主義, 백인우선정책)가
확립되어 이른바 유색인종들은 가차 없이 남반구에서 쫓겨나게
되었다.

　이리하여 일본인은 호주에서 물러났는데, 이른바 남양에서의
활동은 한층 활발하게 되어 우리 정부는 이 방면의 동포 보호를
하기 위해 영사관을 여기저기에 신설하고 1888년에는 마닐라에,
다음 해에는 싱가포르에 신관을 열었다. 싱가포르 영사관은 이미
1879년에 개설되어 영사 대리로서 한 사람의 중국인이 촉탁되었
는데, 시기상조라고 하여 다음 해에 아깝게 폐관되었다. 일본의
남양 및 인도양 방면에서의 무역은 활발하게 발달을 거듭하고 우
편과 해운을 담당하는 우선(郵船)회사는 1893년에 봄베이 항로를
시작으로 다음 해 외무성은 이 땅에 영사관을 개설하는데 전체적
으로 이 방면에서의 일본인의 팽창은 러시아 방면에서 본 것과

같이 특수한 여성들(매춘부)을 앞세운 것이 많다.

9

일본민족은 이리하여 점차로 태평양 및 인도양 여기저기에 퍼져 나간다. 그러나 이들 해외 도항자도 인구 증가율에 비하면 아주 적은 수치에 지나지 않는다. 실로 당시에는 일본의 국력도 부족했고 군대도 미약한 것이어서 무역을 보호할 국기는 펼치지도 못했다. 메이지정부는 군함 8척을 지난 막부로부터 인계받았고 여기에 옛날의 번이 갖고 있던 약간의 기선을 더하여 해군을 편재했다. 이러한 형태로는 해양제국을 지키고 안심할 수 있는 것이 아니었기에 '서남전쟁(1877년 사이고 다카모리를 앞세워 일으킨 반정부 내란)'이 끝나고 내치가 안정되자, 메이지 5년(1872)이 되면 건함 계획을 세우고 대함 6척, 중함 12척, 소함 12척, 어뢰로 무장한 포함 12척 모두 42척의 함대를 만들기로 한다. 여기 대함이라고 말한 것은 2만 3,000톤이며 중함은 7,800톤 정도이다. 그래도 재정이 감당하지 못하자, 1883년부터 3년 동안 겨우 나니와(浪速), 다카치호(高千穗)의 몇 척을 만들었다. 1884년의 '조선사건(갑신정변)'으로 일본과 중국 사이에 분쟁이 일어나고 여기에 1885년 '천진조약'의 체결에 의해 미봉되었지만, 이 조약도 결국은 잠정적인 것으로 일본과 중국과의 사이 언젠가는 정면충돌이 일어날 것으로 우려되었기 때문에 미래에 있을 전쟁에 대비해야 할 해군성은 서둘러 중국을 가상 적국으로 하고 군함 보충계획을 세워 1886년에는 이를 위한 경비의 지출을 요구하고 '청일전쟁'에서 일본의 주력함으로써 활약한 이츠쿠시마(嚴島), 마쓰시마(松島), 하시다테(橋立)의 세 척을 만들었다.

동양의 형세가 쉽지 않고 일본의 해군력이 불충분하다는 것은 이미 주의 깊은 사람에게는 알만한 것이었다. 1886년 당시의 프랑스의 육군 대신으로 명성을 날렸던 장군의 문하생이 일본에 왔는데, 그는 일본에서는 육군에 비해 해군이 얼마나 유치한가에 놀라 이런 해군으로는 유사시에 자신의 방어를 하는 것이 불가능하다고 비판했다. 도야마(戸山)학교의 교관으로써 일본에 체재하고 있던 프랑스 대위도 1889년에 책을 저술하고 있는데 여기서도 일본의 위기를 경고했다. 그는 해양 방어의 부족함을 지적하고 일본 정부는 자신의 본토를 지키는 것에 급급하고 연해 요충의 섬에 방비를 서둘러 외적을 막는 점은 전혀 주의를 기울이지 않는다. 이리해서는 태평 무사한 날은 괜찮지만, 평화가 깨지면 강대한 해군력을 가진 적에게는 연안의 섬들이 점령되어도 어찌할 수가 없다. 적은 일본 본토에 상륙하고 내지까지 침입하여 승리를 거두는 것은 어렵더라도, 일시적으로 혹은 영구적으로 일본의 속령인 중요한 섬들을 탈취하는 것은 쉽고, 일본의 섬들이 일단 적의 손에 들어가면 다시 일본의 손으로 되찾는 일은 쉽지 않다. 좋은 기회가 한번 오면 일본의 적국은 반드시 전광석화처럼 무방비한 영토를 일시적으로든 점령하려고 할 것이다. 이 저자는 일본의 앞날에 대해서 극단적인 비관론자였고 일본은 결국 중국에게 병탄된다고 예언하고 있다.

이 결론은 결단코 근거가 없는 황당한 것이 아니었다. 그렇다면 중국은 급급하여 강한 해군력을 만들고 진원(鎭遠), 정원(定遠)의 두 척의 강철함은 방어력에서는 우월하고 공격 면에서도 일본의 군함을 압도하는 것이라고 일반적으로 생각될 정도였다. 그러기 때문에 암묵적 사실을 직시한 일본 식자 중에는 해군을 소홀히 하는 것은 위험하다고, 1891년 외교관 이나가키 만지로(稻垣滿次郎, 1861~1908년)와 정치가 오이시 마사미(大石正巳, 1855~1935년)는 연달아 당국자에게 경고하고 있다. 그러나 사실을 말하자면 1880~90년대의 일본국민은 해군에 관해서는 별로 흥미가 없었다. 당시 육군의 중진 중의 한 사람인 중장 미우라 고로(三浦梧樓, 1847~1926년)는 「병비론」을 저술하였는데 식민지를 갖지 않은 일본에는 해군은 필요 없다. 재정적으로 생각하더라도 해군보다는 육군의 확장에 충실하게 힘을 집중하는 것이 유리하다고 주장하며 군함을 만드는 것보다 지상 포대의 수축을 우선해야 한다고 말하기도 했다.

10

해외로 진출하여 이국의 고향의 달을 그리워하는 예는 있어도 그것은 매우 특수한 사정에 있는 것으로 국민의 대부분은 해상권력을 기저로 하는 팽창과 같은 경비가 많이 필요한 제국주의적인 경략에는 별로 관심을 가지지 않았다. 그렇다고는 해도 일본민족의 마음속에 감춰진 해양을 향한 본능 자체가 사라져버린 것은 아니었다. 따라서 아프리카가 구주 열강들에 의해 분열되고 그에 관한 회의가 1885년에 베를린에서 열린다고 하자, 대양주의 섬들도 어찌 될지 알 수 없게 됨에 따라 일본도 낙관할 수만은 없게 되었다. 이에 마리아나, 캐롤라인 제도를 사들일 것인가, 보르네오 일부를 매수해야 할 것인가, 뉴기니에 식민해야 할 것인가 하는 계책을 내는 자도 여기저기서 생겨났다. 1884년 초에 마셜군도 중의 어느 섬에 표착하다 토인에게 살해된 일본인이 있었던 때에는 일본 정부는 일부러 사람을 보내 조사하고 그로부터 2년 후인 1886년에는 군함을 보내 태평양의 여기저기를 살펴보게 했다. 이때 보내진 군함 치쿠고(筑後)함은 캐롤라인군도에서 호주 및 뉴질랜드에 이르고 나아가 피지, 사모아를 거쳐 하와이까지 항해하고 있다. 이때의 기행은 그 배에 동승한 시가 시게타카(志賀重昻, 1863~1927년)가 기술한 『남양시사(南洋時事)』의 이름으로 다음 해인 1887년에 간행하여 베스트셀러가 되었다. 이 책이 국민의 남양에 대한 관심을 고취하는 일에 적잖이 기여한 바는 틀림없는 사실이다. 태국이 사절을 보내어 관영연간(1624~44년)에 끊어진 일본과의 교통이 수복된 것도 1887년이었다. 『남양시사』보다는 5~6년 늦었지만 스가누마 다다카제(菅沼貞風, 1865~89년)의 『대일본산업사 부 히라도무역사(大日本商業史 附平戶貿易史)』(1892년)』와 와타나베 슈지로(渡邊修二郎, 1855~?)의 『세계 속의 일본인(世界に於ける日本人)』(1942년) 등도 일본 국민의 팽창 정신을 고양했다.

남양무역을 지향하는 생각도 조금씩 일어나기 시작했다. 1888
년에 핫토리 신스케(服部新助)는 32톤의 선박 상양호를 캐롤라인
군도에 파견하여 시찰하였다. 1890년 5월에는 일찍이 『남양경략
론(南洋經略論)』을 지어 일본의 친제이 하치로(鎭西八郎, 미나모토노
다메토모[源爲朝]의 별명, 1139~70년)와 야마다 나가마사(山田長政,
1590~1630년)와 같은 해외를 지향하는 쾌남자가 없음을 한탄한 다
구치 우키치(田口卯吉, 1855~1905년)는 도쿄부 지사에게 권유되어
도쿄부의 사족의 일원으로 정부로부터 받은 4만 5,000엔의 이른
바 사족의 정산금을 자본으로 하여 남도상회를 설립한다. 그리고
남양 무역의 뜻을 갖고 91톤의 기선인 천우호에 상품을 쌓아 출항
했다. 다구치는 오가사와라에서 괌에 이르고 얍섬, 파라오, 포나
페군도까지 항해하는데 7개월의 기간에 걸쳐 2천 2백여 원을 벌
어 돌아온다. 그러나 사족 중에는 사족의 공유재산을 제멋대로
처분했다고 비난하는 목소리가 있었기 때문에 이 항해는 한 번만
이 되고 결국 상회도 문을 닫게 되었다. 남도상회는 유령회사가
되어 사라지게 되었으며, 동시에 파라오를 본거로 하여 서 캐롤라
인군도에 무역을 한다고 하는 항신사라고 하는 상회가 만들어졌
다. 1893년에는 나중 남양무역회사의 전신인 일치(日置)합자회사
의 창립을 보기에 이르렀지만, 불행히도 당시 일본 정부에는 식민
지를 획득한 일에 대해서는 어떤 정책을 갖고 있지 않았기에 식민
정책에서는 일본과 같은 후진의 독일이 1884년 이후 불과 3년 만
에 마셜, 솔로몬, 비스마르크 제열도 및 뉴기니의 동북부를 점거
하고 멋진 일대 식민제국을 만들었는데 비해 일본만 헛되이 시간

을 버리고 있었다.

11

일본인의 관심이 국민적으로 남양에 집중된 것은 중국과 싸워 이긴 일본이 '시모노세키 조약(下關條約)'에 의해 새롭게 타이완을 그 영토로 하고 그 강역의 먼 북회귀선을 넘어 바시해협[7]을 사이에 두고 필리핀과 상대하기에 이르렀기 때문이다. 동중국해로부터 남중국해로 팽창하여 에스파냐, 포르투갈, 네덜란드, 영국, 프랑스의 남양의 영토에 접근한 일본은 자연히 그들에게 불안한 마음을 일으키는 원인이 되었는데, 동시에 일본에게는 새로운 세계의 전개에 약동하는 보다 큰 목표가 있었다. 다만 변경의 섬 중에는 실은 아직 별로 알려지지 않았고 따라서 개척되었다고 할 수 없는 것도 상당히 있었다. 청일전쟁으로 일본이 자기 실력에 상당히 자신을 가지게 되기까지는 일본의 가장 큰 걱정은 무엇보다도 북방에서의 러시아로부터의 위협이었다. 이에 대한 국민의 우려와 분개는 도쿄에서의 러시아공사관과 니콜라이교회당에 대한 때때로의 위협적 운동으로 나타나고 오쓰사건(大津事件, 1891년 러시아 황태자 습격 사건)이 되기도 하고 또한 보효의회(報效義會)의 치시

----

7 Bashi Channel은 타이완 동남의 小蘭島와 필리핀령 바탄제도 사이에 위치한 해협.

마 원항(1893년)으로 나타나기도 했다. 때로는 약간의 사람들이 남방의 경략을 뜻하는 것도 없는 것은 아니었지만 국민의 흥미를 끄는 문제는 러시아에만 집중되었고 직접 위협을 느끼지 않는 남방에는 별로 관심이 없었다.

그래서 남방의 섬들을 헛되이 방기하고 있는 모습에 분개하였던 사사모리 기스케(笹森儀助, 1845~1915년)[8]라고 하는 현 아오모리현 사람은 1893년에 반년 정도에 걸쳐 류큐 답사를 하고 돌아와서 개척이 시급한 사정을 설파하였다. 단, 이 사람의 당시의 시찰은 오키나와 이남의 대동열도(大東諸島)까지는 미치지 않았다. 이 열도는 1885년 및 1891년에 일본의 배가 기항하였고 또한 1892년에는 군함 해문호의 파견을 보았지만, 특별히 조사되었다고는 할 수 없고 그대로 무인도의 상태로 여겨졌다. 하치조시마의 다마오키 한에몽(玉置半右衛門, 1838~1910년)[9]이 남대동도의 개척에 종사한 것은 1900년부터였고, 그로부터 오키다이토섬(沖大東島), 즉 라사 섬에 이른 것은 그로부터 6년 후였다.

후지화산대의 섬들도 대체적으로 이와 같은 사정이었고 1891년에 시가 시게타카(志賀重昻)가 미타케시마(三宅島), 하치조시마를 방문한 당시는 내지와의 교통은 아직 매우 드물었다. 아오가시마의 남쪽에 위치한 도리시마가 다마오키에 의해 조사된 것은 1888년의 일이었다. 마카스 섬의 이름으로 구미인들 사이에 알려진

···········

8 본의 탐험가이자 정치가이며 실업가. 남서제도와 치시마열도를 조사.
9 메이지시대의 하치조시마 출신으로 실업가이면서 남방제도의 개발에 진력.

미나미토리시마(南鳥島)는 1860년에 구미인이 발견한 곳이었고 그로부터 외국 배는 자주 이 섬을 들렀다. 일본인으로 처음으로 여기에 건너간 것은 1883년이었는데 광산 개발의 시초는 청일전쟁 이후였다. 즉 1897년에 300명의 일본인이 여기 이주하여 살게 되었고 그다음 해에 일본 정부는 미나미토리시마의 이름을 명명하고 제국의 영토로 선언하였다. 이리하여 변경을 넓혀가는 운동 전에는 오가사와라의 남쪽으로 연결하고 있고 마리아나군도에 연결된 화산열도도 포기하지 않게 되어 1891년 이 섬들도 오가사와라의 소속이라고 하게 되었다. 일본인이 이 섬들의 개발에 착수한 것은 그로부터 6년 후의 일이었다.

일본이 공사를 태국에 주차하고 일본과 태국 사이에 통상 조약이 맺어진 것은 1898년이었다. 그런데 같은 해에 발발한 '미서전쟁'의 결과 미국은 필리핀 및 괌을 에스파냐로부터 양도받고 동시에 웨이크섬을 점령하여 미국의 새로운 영토, 하와이와 괌과의 연락이 통하게 되었고 나아가 독일도 싸움에서 패한 에스파냐로부터 캐롤라인, 마리아나의 양 군도를 매수했기 때문에 일본은 서쪽으로 진출한 미국 및 북으로 진출한 독일과 서태평양 상에서 직접 마주치게 되었다. 이리하여 극동의 해상에는 영국과 프랑스의 구세력에 더하여 일본, 미국, 독일의 새로운 세력이 등장하게 되어 그들은 경쟁적으로 해군을 확장하고 또한 크게 새로운 시장을 개척하는 노력을 하였다.

이즈음에 일본이 유신 이래 추구하고 있던 각종 개혁의 성과는 서서히 열매를 맺어가고 있었다. 중국과의 싸움에서 이기고 기세

등등하였던 일본의 산업은 무서운 기세로 발전하고 있었다. 정부는 대담한 보호정책을 강행하여 어업을 확충하고 항로와 조선 산업을 장려했기 때문에 해운 산업은 급속도로 발전하고 1896년에 우선회사는 새롭게 규슈항로를 열고 이어 다음 해인 1897년에는 호주항로를 열었다. 통상무역의 진전에 따라 영사관은 방콕(1897년)에 신설되었다. 일본 상공업의 비약은 두드러져서 러일전쟁 당시까지도 계속하여 항로는 더욱 확장되고 1911년에 우선회사는 캘커타에 항로를, 다음 해에 남양우선회사는 남양으로, 1913년 오사카상선회사는 봄베이에, 이어 타이완과 남양에의 항로를 열었고 파티비야 영사관은 1908년에 이미 신설되었으며 타이완 은행 지점은 1912년에는 싱가포르에, 1915년에는 수라바야에 설치되었다.

　이민의 숫자도 증가하고 있었다. 1888년에 마닐라에 영사관이 개설된 당시 필리핀의 재류하는 일본인은 15인 정도였고 이로부터 14년 지난 후에도 375인을 넘지 않았는데, 러일전쟁이 되자 급속도로 증가하여 2,435인이 되었다. 나아가 태국의 118인, 싱가포르에 1,337인(여성 965인), 마라카 48인(여성 41인)의 일본인을 볼 수가 있었다. 불꽃처럼 퍼진 남양의 열기는 1910년 11월에 이르러 시라세 노부(白瀬矗, 1861~1946년) 중위가 국민의 치열한 원조 아래 남극 탐험을 감행하기에 이르렀다. 그러나 러일전쟁으로 태평양의 동쪽과 호주에서 배일(排日)운동이 일어나게 되었고 이것에 의해 해상에의 진로에 애를 먹은 일본인은 하는 수 없이 육지로 관심을 돌려 고무라 쥬타로(小村壽太郎, 1855~1911년) 외상의 '만선 집중'의 선언이 나오게 되었다. 새롭게 남사할린을 획득하고 조선을 병합하며 동해, 오호츠크해, 베링해에서 어업권을 얻은 일본은 남방의 팽창선보다 더 많이 북방 대륙으로의 팽창선에 흥미를 집중하게 되었다. 남극탐험대를 싣고 시나가와(品川)만을 출범한 해에 다케코시 산사(竹越三叉/요사부로[與三郎]가 본명, 1865~1950년)는 '남국기(南國記)'를 저술하고 섬나라 혹은 반도국의 대륙정책이 과거에 있어 일찍이 성공했던 적이 없었던 것을 논거로 하여 일본은 바로 북진을 멈추고 침로를 남쪽으로 돌리지 않으면 안 된다고 역설하고 있다. 이에 대해, 1912년 다케베 돈고(建部遯吾, 1871~1945년)는 국제관계의 실상에 비추어 남진책은 당돌한 것으로 남쪽으로 가는 것에 의해 미국과 독일, 영국을 적으로 하는 것은 불가하다. 바다의 시대가 지나고 육지의 시대가 되었는데 대륙정책을 포기하려고 하는 것은 러일전쟁 후 앵글로색슨 세계에 팽배한 배일의 정세에 비추어 대륙정책의 새로운 입장을 취해야 할 것이라고 주장하였다.

12

유신 이래 오늘날(1934년)에 이르기까지의 60년의 역사 속에 청일전쟁까지의 20여 년은 일본이 그 고유의 영역을 오로지 지켜서 훗날 비약을 위해 실력을 배양하는 것에 전념한 시기였다. 이로부터 타이완을 손에 넣고 남진했는데 10년 후의 러일전쟁에서는 호

주 및 조선에 힘을 집중한다고 하는 북진정책으로 돌아섰다. 그러
나 그로부터 다시 10년 후에 독일전쟁에서는 다시 크게 남진함과
동시에 또한 크게 북진한다는 팽창적 일본을 실현하게 되었다.
서기 16세기 말부터 17세기 초에 걸쳐 일본의 초기 팽창시대는
해양적이었는데, 제2의 팽창시대라고 할 수 있는 현대 일본의 활
동은 해양적임과 동시에 또한 대륙적이다. 그리하여 국가권력이
발동하고 국민 여론이 숙성하여 이를 지원하는 것에서는 이전의
팽창시대와는 다른 점이다.

1914년 8월 일본은 '영일동맹'의 의리로부터 유럽전쟁에 참전
하여 동양의 육해 방면으로부터 독일을 내쫓았다. 독일이 극동에
근거를 만들게 된 것은 청일전쟁 후 시모노세키 조약에 간섭하고
승전한 일본으로 하여금 요동반도를 중국에게 반환하게 하는 사
실로부터 시작한다. 일본의 독일에 대한 선전포고는 20년 전의
원한을 갚은 것이라 할 수 있다.

이리하여 교주만[10]은 일본이 점령하게 되었다. 이로부터 인도
양을 유린했던 독일함대는 일본해군 때문에 점차 남미의 해안으
로 쫓겨났고 영국 해군에 의해 드디어 패전했다. 호주와 뉴질랜드
는 적도 이남의 독일령 식민지를 점령했는데 일본은 적도 이북,
즉 우라 남양의 여러 섬을 남김없이 수중에 넣었다. 이는 동서
2,300해리 남북 1,300해리에 미치는 광대한 대해원에 펼쳐져 있

....

10 膠州灣은 중국의 산둥반도 남측에 위치한 만.

는 622개의 섬과 836개의 암초로 이루어져 있는 마셜, 캐롤라인, 마리아나 등의 세 개의 군도로 되어있고 그 넓이는 약 170만 리이며 인구는 일본이 처음 이를 점령했던 당시에는 5만여 명이었다. 이는 수량의 면에서 말하자면 말할 것도 없지만 팽창하는 일본에 있어서는 매우 중요한 최전선이었다. 일본의 동남 팽창선은 이것에 의해 유사 이래 처음으로 철저하게 일본의 수중에 장악하게 되었다. 원래 미국의 영토인 괌만은 예외이다. 팽창선은 역사 시대 이전의 일본민족과는 매우 밀접한 관계가 있다고 생각되는데, 동남 팽창선은 이에 반하여 일본인에게도 미크로네시아의 토인에게도 일찍이 손이 닿지 않는 곳이었다. 이즈 7도와 마리아나군도와의 사이를 연결하는 섬들로부터 화산열도에 이르기까지는 일본 표류민의 뜻대로 나타난 기록이 없진 않지만, 오랜 기간 사람이 살지 않았다. 천보연간(1831~45년)에 오가사와라에 이민하기까지 이 섬들은 완전한 무인도였다. 그런데 19세기 말까지 완전히 북회귀선까지의 동남, 서남의 양 팽창선을 수용하고 또한 개척을 시작한 일본은 지금 동남 팽창선을 나아가 적도 바로 밑까지 매진하고 적도를 사이에 두고 바로 영국영토와 접하게 되었다. 오모테 남양은 미국과, 우라 남양에서는 영국과 인접하게 된 일본은 이리하여 남방에서 본격적으로 앵글로색슨세계를 상대하게 되었다.

제1차 세계대전 후에 일본인의 남양에서의 상공업상의 활동이 왕성하게 되었다. 각종 사업은 번창하게 되었다. 남양청은 매년 300만 엔의 보조금을 중앙정부에 원조해 줄 것을 부탁했는데 20년 지나지 않아 재정적으로 독립을 이루게 된다. 일본인의 용감한 진출은 새롭게 일본 권력 밑에 수렴된 우라 남양에 그치지 않았다. 오모테 남양에 있어서도 일본은 눈부시게 매진한다. 필리핀의 다바오(Davao City)에서는 제2의 야마다 나가마사인 오타 교사부로(太田恭三郎, 1876~1917년)에 의해 마닐라의 마 재배 및 제조에 성공하고, 1916년에 1,700명이었던 일본이민을 2년 후에는 만 명에 가까운 것이 되었으며 해외의 작은 일본은 미국 영토 내에 크게 일어났다. 말레이반도에서 일본인의 고무사업도 왕성해졌다. 일본인의 손으로 싱가포르 및 조호루주[11]에 고무 재배가 시작된 것은 1917년부터인데 그 발전은 실로 놀라운 것으로 사업이 유망했기에 투자액 등도 계속 증가하고 이것이 수마트라 및 보르네오 방면까지 확장되었다. 자바에서 성한 것은 제당업이었고 1917년에 남국산업 및 남양제당의 두 개 회사가 창립되었다. 그리고 여기서 빠질 수 없는 것은 조호루의 스리메단[12]에서 1920년에 시작하여 약 1,000명의 광부를 고용하고 북규슈시에 있는 야와타(八幡)제철소에 철광석의 반을 공급하는 데 이르게 된 이시하라(石原)광산이다.

무역의 번성과 아울러 두드러진 것은 일본 해군의 급속한 발전이다. 일본 함대는 독일 세력을 동양으로부터 일소한 것만이 아니다. 해군력이 강한 영국의 식민지군의 수송을 돕기도 하고 또 러시아에 대해서는 크게 군수품의 공급을 하고 있었다. 독일과 오스

....

11 조호르주는 말레반도 최남부에 위치.
12 말레반도 조호르왕국의 철광산.

트리아의 잠수함 때문에 지중해의 교통이 위험하게 되자 연합국의 요구로 1917년 4월에 제2 특무함대를 멀고 먼 지중해에 출동시켜 독일의 잠수함을 공격하여 빛나는 공적을 세운다.

유럽에서 일어난 대전쟁이 어떠한 결과로 끝나더라도 결과적으로 세계의 큰 변동이 일어나는 것은 확실했다. 그래서 유럽전쟁을 강 건너 불로 보고 중립을 지키고 있던 미국이 갑자기 해군의 대확장을 꾀한다. 일본 또한 새로운 남방의 팽창선상에서 이익을 획득하고 한편으로는 이로부터 전쟁 후 격변에 대비하기 위해 88 함대의 건조에 착수했기 때문에 세계전쟁이 일어나기 전에 독일을 중심으로 하여 일어난 불꽃 튀는 건함 전쟁이 이번에는 태평양에서 다시 일어날 것 같은 위기가 보이는 형세였다. 해군 군축에 관한 1921년 11월에 열린 워싱턴회의의 소집은 피할 수 없는 것이었다.

13

제1차 세계 전쟁 중에 동양에서 일어난 중대한 사건은 독일이 패전하여 동양에서 쫓겨난 것 외에는 제정 러시아가 망하게 된 사실이다. 제2 특무함대가 싱가포르를 떠나 인도양에 들어간 1917년 3월 11일 러시아의 수도에서 발발한 혁명으로 제정은 무너졌고 준비정부의 수립으로 되었는데 11월에 두 번째 혁명으로 정권은 공산당 손으로 들어갔다. 러시아의 질서는 혼란스럽고 백군은 여기저기서 봉기하게 되었기 때문에 오로(歐露)[13] 각지에 군대를 내어 공산당을 타도하는 데 매진하고 있던 연합국은 미국과 일본의 양국의 군대를 시베리아로 보내게 되고 일본은 다이쇼 7년 8월(1918년) 군대를 블라디보스토크에 상륙시켜 북방의 양 팽창선 상에서 일본의 대활약이 시작된다. 일본군은 만주철도를 이용하여 치타[14]에서 이르크츠크[15]까지 진출하고 다른 한편으로는 우스리 철도로 헤이룽강에 이르러 오르내렸는데, 그 구원의 손길이 닿지 않는 중에 시베리아 백군 정부는 몰락하게 되고 모스크바 정부는 점차 그 권력을 확고하게 했다. 그 때문에 1920년에 니코라이에후수쿠[16]에서 거주 일본인이 탄압받는 참변이 일어나자 일본은 북사할린 등을 점령하여 손해를 배상받으려고 했지만 결국 1,500명의 전사자와 600명의 병사자에 더하여 수만 명의 부상자를 내고 거액의 국고를 소진하였을 뿐만 아니라 모든 원정군을 철퇴할 수밖에 없었다. 공산당 정부의 몰락과 시베리아의 와해를 기대하고 파견한 군대의 출동이 불과 북사할린의 석유 이권 획득과 북방해상에서의 일본 어업의 활약 정도를 얻은 것에 지나지 않았다.

....

13 러시아 영토 중 유럽에 포함되는 우랄산맥의 서쪽 부분.
14 Chita는 러시아, 동시베리아 남부 도시.
15 Irkutsk는 러시아의 시베리아 지방 남부의 이르크추주의 주도로 몽골 국경에서 북쪽으로 300킬로미터에 위치하는 도시.
16 Nikolayevsk-on-Amur는 러시아 극동부 하바롭스크 지방의 행정 중심인 항만 도시.

　　그런데 일본군의 시베리아 철퇴로부터 10년 지나 서북 팽창선에는 큰 정치적 활동이 발생하고 일본이 대륙에 갖고 있던 영토와 러시아령 시베리아 사이에 만주국의 건국을 보게 되었다. 중국 역사에서 이 지역에는 발해국이 있었고 이어 요와 금나라도 여기에서 번성하였고 이후 명에 대신하여 400여 주의 주인이 된 청조도 본거로 삼고 있었기 때문에 새로운 만주국의 독립은 만인 혹은 만주의 새로운 시대를 지나 대륙에 재현한다고 하는 사건이었다. 원래부터 새로운 만주의 장래는 미지수이지만 일본은 만주국으로부터 앞에서 동북팽창선 상에 맛본 참패를 보상할 수 있는 것은 아닌가 하는 생각이 있다. 일찍이 발해국은 헤이안조 시기에 200년 정도 기간에 5~6년마다 우리 교토 조정을 방문하고 중국에 대해 일본과 관계를 맺었다. 이와 같은 발해국의 경역에 만들어진 20세기의 만주국은 건국의 산파역을 맡은 일본과는 서로 돕는 관계를 넘어 일심동체에 관계에 있는 것으로 새로운 국가에 대해 일본은 국방상의 중대한 의무도 가지고 있다. 육상의 경계는 800킬로(328리)에 지나지 않았던 것인데 지금 전만주국의 경계선으로 되어 급전개를 이루었기 때문에 중국, 몽골 및 소비에트는 일본과 직접으로 그 경계를 접하게 된다. 만주국이 세워진 곳에서 동해의 해안선은 늘어나지 않았지만, 지금부터 동해는 교통상 지금까지와는 달리 중요하게 되고 우라 일본이라고 불리고 있던 동해연안은 대안의 대륙과 밀접한 관계가 되었다. 동해는 지금 일본의 우라 바다가 아니고 태평양과 같은 오모테 바다이다.

　　팽창의 일본은 이리하여 대양과 대륙과의 두 개의 넓은 전선에서 자국을 방어할 수 있는 군비를 갖추어가지 않으면 안 된다. 영일동맹은 워싱턴회의를 기점으로 폐지되었고 다음에 만주국 문제로 국제연맹으로부터 탈퇴하게 되었기 때문에 외교상으로는 고립 상태에 빠진 일본은 군비의 충실에 초점을 맞추게 되었다. 육해군의 군비의 확충이 요구되었다. 육해군은 군의 차의 두 바퀴, 새의 양 날개 같은 것으로 어느 한 쪽이 치우쳐서는 안 되며 지금까지 육군을 대표하는 초슈, 해군을 대표하는 사쓰마의 정치가, 군인들에 의하여 입버릇처럼 말해지고 군비를 확장하는 구실로 되었던 것인데 쇼와시대(1925년부터)의 문무관료 및 정당도 역시 이점에서는 번벌 정치가의 생각과 같았다. 그러나 한편으로는 태평양상의 대규모 해군을 가진 나라이자, 다른 한편에서는 대륙에 큰 규모의 육군을 가진 나라로 거대 군비를 갖추고 대양과 대륙과의 양쪽의 전선에서 비할 데 없는 강함을 자랑한다고 하는, 말도 안 되는 공명심이 자멸을 초래할 정책을 취할 위험성도 우려된다. 현대 일본은 이점에 있어 명석한 경세적인 일대 식견을 가지지 않으면 안 된다고 생각한다.

여러 가지 의미에서 팽창적이 아닌 것은 없다. 모든 나라의 팽창이라고 하는 것에는 양과 질의 양면이 있지만 한 나라의 경제적, 정치적 활력이 나타나는 전자의 경우에 있어서 양적인 측면에서 그 팽창이 어떠한 방향을 가지고 나타나는가는 각국의 지리상 국제정치상의 지위에 따라 여러 가지로 나타난다. 일본과 같은 섬나라인 영국은 대륙으로 진출하려고 했지만 그 뜻을 이루지 못하자 단념하고 해상으로 방향을 전환한다. 새로운 목표를 좇는

일에 전념하여 다른 생각을 하지 못했다. 영국이 비교할 수 없는
제국을 세운 까닭이다. 역사가 에밀 라이히(Emil Reich, 1854~1910
년)는 오늘의 일본을 중세의 영국의 실패한 전철을 밟고 있다고
했는데 이러한 단정은 경솔한 것이다. 왜냐하면 동서고금의 나라
마다 사정이 다른 것이기에 5, 6백 년 전의 섬나라인 영국이 추구
한 정책의 성패가 현대의 섬나라 일본에도 글자 그대로 적합하다
고는 말할 수 없다. 다시 말해 극동은 말하자면 매력 없는 황막한
신세계와 같다. 물질적으로도 정신적으로도 열린 기회가 한정된
것이기 때문에 여기에 나라를 세워, 좋든 싫든 떠날 수 없는 관계
를 가진 일본은 동서남북으로 침로를 자기가 원하는 대로 자기가
잘 할 수 있는 방면으로 운명을 개척해가는 수밖에 없다. 과거의
실패에 좌절할 것 없이 방법을 바꾸어 매진할 수밖에 없다. 그리
고 심사숙고하여 완급과 입장을 바꾸는 정도에 잘못이 없도록 하
는 것이다. 스타르 박사[17]는 일찍이 일본이 결단코 남만주를 병합
해야 한다고 했는데 그러나 이 이상의 팽창은 경계해야 한다고
한다. 이는 지금보다 십수 년 앞의 일인데 박사가 만약 지금 생존
해 있었다면 같은 충고를 했을 것임에 틀림없다. 내 생각을 말하
자면 섬나라 일본은 횡으로 동서로 팽창하는 것보다 종으로 남북
으로 팽창하는 것이 자연스럽고 또 그 발전을 영구적으로 할 수
있다고 생각한다. 남방은 물자가 풍부하고 살기 좋은 땅이기 때문

....

17 Frederick_Starr, 1855~1933년 미국의 인류학자로 일본에서는 「お札博士」로 알
    려짐.

에, 북방의 차가운 기운은 인민의 나태한 마음을 바로잡아 향상적인 정신을 불러일으키기 위해 필수 불가결하다. 생각건대 동경 100도로부터 180도까지의 펼쳐져 있는 대륙과 섬들과의 대지역이야말로 섬나라 일본의 활동지로 하늘로부터 받은 것으로 일본 제1의 사명은 이 지대의 남북에 걸쳐서 새로운 대일본을 만들어내는 것 외에는 없다고 믿는다.

대업을 완성하기 위해서는 움직이지 않는 국책, 국시가 있어야 한다. 영국의 대제국 건설 사업에 적지 않게 공헌한 국책은 균세(均勢)의 정책이라고 한다. 영국의 고인이 된 외상 그레이[18]는 이 말을 몹시 싫어했다는데. 균세라고 하는 말이 안 된다면 다르게 바꾸어도 상관없다. 어찌 되었든 영국의 해상 발전을 도왔던 외교적 책략이 존재했던 것은 의심할 바 없다. 어떤 지리학자는 그것은 영국의 유럽대륙에 대한 태도를 설명하면서 유럽에 대한 서먹함이라고 말하고 있다. 영국은 먼 바다의 저편에서 일을 하는 것이 목적이었기 때문에 건너편 유럽의 분쟁에 말려 들어가는 것을 극력 피했다. 스스로 언제라도 유럽에 대해서 서먹서먹하게 유럽의 밖에 초연한 태도를 취하지 않으면 안 되는 이유가 있었다. 그런데 우리 일본에는 그러한 것은 없다. 스스로 대륙에 영토를 가지고 있을 뿐만 아니라 보호하지 않으면 안 되는 신흥국가를 대륙에 갖고 있는 현대일본으로서는 영국처럼 대안의 대륙에 대

----

18 Edward Grey, 1st Viscount Grey of Fallodon, 1862~1933년 영국의 정치가.

하여 서먹한 태도를 채택하는 것은 불가능하다. 이웃 나라인 중국이 예부터 주장하고 또한 실제 행하였던 원교근공책이라는 것에 너무 몰두하는 것도 별로 바람직하다고 볼 수 없다. 그 용어에 일종의 중국적인 분위기가 스며들어 있어 별로 동의하지는 않지만, 일본이 극동에서 취해야 할 정책은 어디까지나 근교원공이어야 한다. 대륙의 여러 나라와 친밀한 교제를 계속하는 것에 의해 남방의 큰 바다의 저편에 진출할 것임을 확신한다.(1934년 10월)

제3장

일본민족의 남방발전

1

일본민족의 남방발전을 역사적으로 개관한다. 인류는 본래 남방의 온난한 지방으로부터 발생했다. 인류에 가장 가까운 원숭이 중에는 추운 곳에 사는 종류는 없다. 일본의 아키타(秋田)현은 원숭이 종류가 살고 있는 가장 북쪽 지역이라고 말해진다. 유인원은 오랑우탄도 침팬지도 고릴라도 모두 열대지대에 산다. 그런데 인류는 어느 사이에 지구의 여기저기에 살게 되었다. 그렇게 된 것은 어느 정도의 세월이 지난 것일까. 아마도 몇 만 년이든가 몇 십 만 년 이든가의 많은 시간이 필요로 한 것 같지만 인류사회에 문자가 만들어지고 사상이 개척되고 생활이 향상하여 이른바 문화가 싹트게 된 것은 불과 수천 년 전에 지나지 않는다. 이 수천 년에 이르는 문명사 중에 많은 민족과 국가가 흥하기도 하고 혹은 망하기도 했던 것인데 그들은 오랜 기간 전쟁의 상태였고 평화의 교류는 역사적으로 길지 않았다. 국가와 국가가 서로 조약을 맺고 평화의 관계를 규칙적으로 반복하게 된 것은 유럽에서는 불과 300년 정도에 지나지 않는 것이라고 역사가는 말한다.

나라는 살아있고 활기찰 때도 쇠약한 때도 있다. 활기차다면 활기찬 만큼 손발을 마음대로 움직이려는 요구가 강하다. 그렇지만 모든 나라의 주위에는 경계선이 있다. 이 경계선에는 바다, 산, 강, 사막, 혹은 경도, 위도라고 하는 학문상의 상상의 선에 지나지 않는 것도 있다. 바다, 산, 사막은 나라와 나라를 나누는 장벽으로 자연이 우리들에게 준 것으로 가능한 한 이러한 장벽을 경계선으로 이용하는 것이 편리하다. 그러나 이들 경계선도 인간이 만든 선에 지나지 않는 것이다. 국력이 발달 증가가 두드러진 국가는 좁은 경계선 속에 살기보다는 보다 자유롭게 공기를 호흡하고 싶어 한다. 이와 같은 국가를 일정한 경계선 속에 언제까지나 묶어 두려고 하는 것은 어린아이의 옷을 무리하게 언제까지나 어른에게 입히려고 하는 것과 같다.

이러한 까닭으로 의식 있는 국민만큼 여러 가지 의미에서 국가를 확대하려고 노력하지 않는 것은 없다. 그런데 나라에는 이웃 나라가 있고 또 그 경계선도 매우 다양한 형태와 성질을 띠는 것으로 국력을 확장하는 방향도 다양하다. 러시아는 얼어있는 바다로 삼면이 둘러싸여 있기에 얼음으로부터 자유로운 따뜻한 남방의 바다로 나가려고 한다. 러시아와 프랑스에 둘러싸인 독일은 저항력이 비교적 약한 동남으로 나가는 수밖에 없다. 그런데 최근의 독일의 제국 정부는 욕심을 내어 해상으로 나가려고 영국 해군과 경쟁을 하고 드디어 대전을 일으키다 패배함으로서 식민지를 모두 **빼앗겼다**. 그래서 대전 후에 나치 정부는 방침을 바꾸어 해상으로 진출하는 것을 단념하고 육상 쪽으로, 동쪽 방향 즉 러시아 쪽으로 방향을 바꾼 것이다.

러시아와 독일 두 나라는 육지의 나라라고 할 수 있고, 이탈리아와 프랑스는 반도의 나라이다. 이탈리아는 통일 후 잠시 북방쪽의 오스트리아 방향에 거주한다. 이른바 예전의 이탈리아 민족을 돌려받아 민족주의에 열중했지만, 독일과 오스트리아 두 나라와 삼국동맹을 체결하는 것에 의해 남방, 지중해와 아프리카 방면으로 확장하게 되었다. 이리하여 에티오피아 정벌을 기획하였으나 실패하고 20세기 초 뮈르키예와의 싸움에서는 트리폴리와 동지중해의 섬들을 점령하고 대전 후에는 남진정책을 가속화하여 드디어 에티오피아를 병합한다.

프랑스는 구주 유럽대륙에 패권을 노리는 전통적인 공명심이 있다. 루이 14세도 나폴레옹 1세도 모두 이를 위해 종종 전쟁을 일으켰다. 그들에게는 식민제국을 만든다는 동경이 있고, 육군과 해군을 동시에 유럽 제일의 군대로 하고 싶었지만, 공명심에 가득 찬 프랑스도 이루기 어려웠다. 따라서 영국을 적으로 만드는 전쟁, 즉 최강의 영국 해군 때문에 식민지를 모두 잃게 되었다. 프랑스의 현재 식민지는 모두 나폴레옹 때에 획득한 것이다.

최후로 일본과 같은 섬나라인 영국에 대해서 살펴보자. 영국은 유럽 대륙의 섬나라인데 건너편 대륙까지의 거리는 일본과 한반도와의 해협보다 훨씬 좁다. 도버해협은 눈으로도 프랑스의 칼레에서 영국의 도버가 보인다. 가장 좁은 곳은 건강한 수영선수라면 여성이라도 횡단하기 어렵지 않다. 최근에 여성의 도버해협 횡단 기록을 들자면 6년 전인 1933년에 한 여성이 15시간 39분의 기록으로 건너고 있다(이전에 여성에 의해 15시간 9분 혹은 14시간 39분의 기록도 있을 정도이다). 그로부터 북해도 일종의 내해라고 생각할 정도의 바다이고 영국의 섬들은 사방의 육지로부터 얼마든지 건너갈 수 있기에 현재 영국인들의 조상 앵글로색슨만이 아니라 유사 이래 바다를 건너 영국으로 들이닥친 모험가는 셀 수 없을 정도이다. 일본의 헤이안 왕조 말기에 해당하는 1066년의 침략을 마지막으로 견고한 중앙정부가 만들어진 결과, 외국으로부터의 침입이 없었을 뿐 아니라 도리어 바다를 건너 건너편의 프랑스로 건너가 병합하려고 하는 야심을 갖게 되었다. 영국의 이러한 남진정책 즉 대륙정책은 이로부터 15세기까지 400년간 끈질기게 추구되었다. 프랑스는 이에 굴하지 않고 저항을 계속했기 때문에 영불전쟁이 전개되었고, 결국 영국은 야망을 채울 수 없어 프랑스로부터 손을 떼게 되었다. 일본의 전국시대인 영록 원년 즉 1558년까지 프랑스의 항구 칼레는 영국 영토였는데, 이 해 프랑스에게 빼앗겼다. 영국이 해상의 세계로 진출한 것은 이로부터였고 용감하게도 당시 유럽의 최강대국인 에스파냐에 도전하여 칼레를 잃은 지 30년이 지난 1588년에는 에스파냐의 무적함대를 격파했다. 그러나 당시의 영국은 아직 해외에 한 조각의 토지를 가지고 있지 않았다.

1606년의 식민지 버지니아는 영국 최초의 해외 영토였다. 식민지 획득이라고 하는 점에서는 영국은 네덜란드는 물론 프랑스에도 뒤처져 있었다. 그로부터 300년간 에스파냐를 이어 네덜란드, 네덜란드에 이어 프랑스를 차례차례로 격파하고 19세기가 되면 영토 면에서 고대 로마제국의 10배, 인구로 말하자면 7배나 되는 대제국을 만들게 되었다.

  일본은 영국이 유럽대륙과 대항하는 지위에 있는 것과는 달리 아시아 대륙을 등지고 있는 것같이 보인다. 그러나 마치 용이 날개와 손발을 펴고 나는 것 같은 형태를 하고 있기에 날개와 손발이 움직이는 대로 가면 외부세계로부터 일본 본토에 이르는 것이 그리 곤란하지는 않다. 북방에서는 캄차카반도에서 치시마를 거쳐 북해도로 내려온다. 만주 대륙으로부터 마미야해협[1]을 횡단하여 사할린을 건너 내려온다. 아이누족이 일본에 들어온 것은 이 루트를 따른 것이다. 서북쪽으로 눈을 돌리면 조선에서 쓰시마, 이키섬을 거쳐 건널 수 있다. 만약 도중에 현해탄에서 표류하는 일이 있어도, 동해는 환류가 있기에 이를 타면 오키(隱岐)와 시마네(島根)반도에 도착한다. 이 길은 고대 일본에는 가장 많이 이용되었다. 나아가 남쪽에서 들어오는 길은 섬들이 이어져 징검다리와 같다. 동남쪽에서는 위임통치령의 섬들로부터 유황도(硫黃島), 오가사와라를 거쳐 이즈 7도에 이른다. 또 남방은 팽호도, 타이완에서 류큐를 거쳐 규슈에 이른다. 서남쪽의 섬들은 남방에서의 도래자들이 가장 많이 이용하는 것이다. 서방에서 건너는 사람이 일본에 온 것이기 때문에 일본 민족의 피에는 해양적 본능이 충분히 남아있다. 그렇다면 일본민족의 손을 거쳐 일본의 전국토가 충분히 평정되고 일본민족의 넘치는 정력이 나라 밖으로 퍼지는

....

1 사할린과 아시아대륙 사이의 해협으로 가장 좁은 곳은 폭이 7.3킬로미터 정도로 겨울은 동결한다. 타타르해협이라고도 부른다.

때가 오면 일본인의 선조가 여기로 건널 때 밟았던 섬들을 따라 다시 진출하는 것은 지리상의 약속으로 당연히 상상할 수 있다. 다시 말해 북쪽으로부터는 북해도에서 치시마, 사할린에 이르고 다른 한편에서는 현해탄에서 한반도를 통하여 움직인다. 동남의 팽창선도 매우 큰 세계를 앞에 두고 있어 후지(富士)화산대를 남으로 내려가다 보면 이즈 7도에서 아오가시마와 여러 섬을 거쳐 오가사와라에 이르고 유황제도에 이르러 우리 위임통치령으로부터 적도를 건너 세계 제2의 큰 섬인 뉴기니에 이르고 다시 호주 대륙까지 건너간다. 또한 기리시마 화산대를 따라 내려가면 류큐에서 타이완에 이르고 한편으로는 남중국의 연해를 따라 해남도에 이르고, 다른 한편에서는 필리핀군도를 거쳐 동인도군도에 이른다. 일본열도는 동중국해, 동해, 오호츠크해의 세 개의 내해로 아시아 대륙을 서쪽으로 포섭하고 있기에 북방의 두 개의 팽창선에서는 일본열도는 바로 눈앞의 아시아 대륙에 부딪히게 되는데, 남방의 두 개의 팽창선에 이르러서는 멀고 먼 태평양이어서 어디까지 가더라도 끝없이 넓은 바다가 펼쳐진다.

그런데 이러한 대규모의 팽창시대는 일본 역사가 시작하고 나서 쉽게 도달하기 힘들었다. 동북, 서북, 동남, 서남의 네 개의 팽창선 중 일본이 역사적으로 가장 오랜 관계를 맺고 있는 것은 서북에 해당하고 일본은 이것에 의해 한반도에 세력을 미치고 '임나일본부'를 만든 것인데, 천지천황 2년에 '백촌강싸움'에서 우리 해군이 당의 수군에게 패전함에 따라 일본은 드디어 한반도에서 철퇴하게 되었다. 이로부터 일본은 동북과 서남의 두 팽창선을 향해 아이누를 정벌하고 규슈의 남부에 있는 섬들을 복속시켰지만, 아이누를 격파해도 북해도까지는 갈 수 없었고 서남의 섬들을 복속시키더라도 류큐까지 세력을 확장할 수 없었다. 이즈 7도는 오오시마에 처음으로 죄인들을 유배하는 장소에 지나지 않았다.

이러한 사정에는 옛 일본인이 바다를 두려워하는 정서가 있었기 때문일 것이다. 지금 세계의 제3위의 해운국민이 된 일본인이 예전 바다를 두려워한 것은 믿기 어려운 일이지만, 이러한 일은 일본인만이 아니다. 세계의 해양민으로 알려진 그리스인, 영국인이라도 결코 처음부터 바다를 좋아한 것은 아니었다. 고대 그리스인은 처음부터 해상민은 아니었다. 그들도 손발을 움직이는 일은 천시했기 때문에 농업과 상공업은 노예 또는 외국인에게 맡겨두었다. 그리고 바다는 신이 그리스 사람에게 준 자연의 장벽이었기에 이를 넘어 나간다고 하는 것은 좋지 않다고 생각하여 해상교통을 두려워했다. 아리스토텔레스는 가장 두려운 것의 한 예로 지진과 바다를 인용하고 있다.

영국 국민도 만 리의 파도를 거쳐 그 섬에 이르게 되는데 그들도 결코 태생의 바다 국민은 아니었다. 한번 영국 국내에 정착하자 그들의 옛 생활을 잃어버렸다. 계속하여 해적이 동북의 바람을 타고 왔기 때문에 침략하자 영국도 해적의 소굴을 친다고 하는 용기는 없었다. 동북의 바람이 불 때마다 두려워했다. 어느 시인은 따뜻하고 미지근한 남풍보다 영국인에게는 동북에서 불어오는 차가운 바람이 환영해야 할 것이라고 노래했지만 옛날의 앵글로색슨족에게는 동북의 바람은 가장 힘들었다.

일본인의 선조도 영국인의 선조와 마찬가지로 바다와 친하지 않았다. 우리의 옛 문학에서 바다는 별로 취급되지 않았다. 그만큼 일본의 선조는 바다로 나아가는 투쟁심을 갖지 않았다. 견수사와 견당사는 십여 차례 중국에 파견되지만 왕복 모두 무사한 일은 드물었다. 따라서 그 사명을 받는 것을 두려워하기도 했다. 모두 그 일을 피하고자 했기 때문에 소동이 일어나곤 했다.

이러한 분위기였기에 조선기술도 진부하고 배를 조정하는 기술도 숙달하지 않았다. 이 사실은 헤이안조만이 아니다. 도쿠가와 시대에도 다이묘가 참근교대(參勤交代)[2] 할 때 해로를 채택하지 않았다. 모두 육로로만 다녔다.

이러한 상태가 계속되면 일본인의 해상 발전은 진척되지 않는다. 인간은 게으른 존재로 자기 생활을 위협당하지 않는 한 행동을 바꾸려고 하지 않는다. 그리스는 토지가 대단히 척박하고 농업과 목축만으로는 생활을 유지하기 때문에 결국 두려운 바다로 나서지 않으면 안 되었다. 대륙정책에 실패한 영국도 역시 방향 전환하지 않으면 안 되었다.

사방의 바다로 둘러싸여 있음에도 불구하고 바다를 두려워하여 바다에 나갈 용기가 부족했던 일본민족도 2,000년간의 역사에서 풍부한 해양 본능을 가지는 팽창적인 민족인 것을 두 번 입증

....

2 에도시대 때 각 번의 다이묘들이 정기적으로 에도를 오가게 하는 것에 의해 각 번의 재정적 부담은 커지고 인질을 에도에 두는 것에 의해 다른 생각을 갖지 못하게 한 통치 시스템.

하고 있다. 첫 번째는 무로마치 말부터 도쿠가와 초에 걸친 민족적 팽창이었고 두 번째는 메이지 이래 오늘까지의 국가적 대팽창이다. 아시아 대륙에서 떨어져 나와 극동의 큰 해상에 고립하고 있는 일본의 선조에게 경계 밖으로 일본민족의 심장을 단련함에 가장 적당하고 큰 바다의 세계가 있다고 하는 것을 알려준 것은 원구이다. 원구, 즉 몽골의 내습이었다. 이러한 의미에서 일본의 수천 년에 이르는 민족적 생활 속에 원구만큼 통렬하게 우리를 각성시켜준 것은 없다. 1274년 그로부터 7년 후의 1281년의 몽골 내습, 모두 신풍(神風)의 덕분으로 적을 물리칠 수 있었는데, 중대한 위기였다. 이 원정 후에도 원은 일본을 침략하려 하였지만 뜻을 이룰 수 없었다. 이로부터 잠시 일본과 중국 대륙과의 교통은 두절되었다.

원구가 어떻게 큰 심리적인 충동을 일본국민에게 주었는가에 대해서는 지방의 아이들의 놀이 중에 여실히 나타나 있는 것을 보아도 알 수 있다. 나는 도호쿠에서 태어났기 때문에 어릴 때 '몽골 놀이'라고 하는 것을 기억한다. 망토 같은 것을 머리로 뒤집어쓰고 몽골이라고 하며 상대방을 위협하는 것으로, 도쿄에서 말하는 '오바케아소비(오바케[귀신, 괴물] 놀이)'이다. 도쿄의 오바케가 동북에서는 몽골로 되어있는 것이다. 이 유희가 지금도 지속되고 있는지 알 수 없지만 현해탄을 습격한 6백 년 전의 몽골군의 침입이 전장과 수백 리나 떨어져 있는 도호쿠의 산촌에도 그 무서움을 강하게 인상 짓게 하는 것이 충분히 가능하다. 남이탈리아의 나폴리 부근에서는 지금도 불리는 자장가 중에 "한니발이 온단다.

착한 아이 울지 마라"라는 가사가 있다. 한니발은 알프스를 넘어 북쪽에서 남으로 이탈리아를 유린하고 남이탈리아의 칸나에[3]에서 로마군을 섬멸한 카르타고의 장군이다. 이 공포가 2,000년 후의 지금까지 이탈리아 사람들 사이에 잊히지 않는 것이다. 그러나 일국의 운명만큼 알 수 없는 것은 없다. 그 무서운 장군을 낳은 카르타고도 결국 로마에게 멸망되었다. 로마는 일단 패전했지만 분전역투하고 용맹스레 해군을 일으켜 드디어 카르타고를 이긴 것이다. 능력 있는 민족은 한때는 지더라도 결코 그대로 망하지 않는다. 반드시 재기하고 다시 일어난다. 일본민족도 위대한 반발력을 가지고 있다. 그들은 청일전쟁 후 세 나라의 간섭으로 일시적으로는 좌절했지만, 와신상담하여 10년 만에 삼국간섭의 수괴였던 러시아에게 보복하고, 또 10년이 지나 독일에게도 복수한 것이다.

2

원구의 침략 후 일본민족이 중국에 대한 반동은 복수라고 하는 형태로 나타났다. 무로마치 시대에 바다에 치안이 혼란에 빠지자 우리의 서해, 남해의 해적은 크게 일어나 한반도와 중국의 해안을

....
3 Cannae는 이태리반도 동남부의 아프리아 지방에 존재한 촌과 주변을 이름.

황폐하게 했다. 원구보다 8, 90년 지나 원나라는 명에게 망했는데 왜구의 활동은 조금도 쇠퇴하지 않고 전국시대가 되어 왜구는 더욱 치열하게 되고 그 난폭한 행동은 전후 200년이나 미치고 있다. 말라카해협까지 여러 군데를 황폐하게 만들었는데 그러나 특히 심하게 황폐하게 한 것은 동중국해의 연안과 한반도의 해안, 그중에서도 중국의 양쯔강의 하구에서 남북에 걸쳐서의 해안 그리고 복건성 해안에 걸쳐 있다. 이들 해적선은 세토내해와 규슈의 연안을 근거로 한 것으로 그들 속에는 다이묘와 어깨를 나란히 할 정도의 재력과 군사를 가지고 있는 것도 적지 않다. 조선과 중국도 이것에는 전혀 대항하지 못하고 무로마치막부에게 단속을 애원하고 있었는데, 막부에게는 그들을 진압할 정도의 실력이 없었다. 어찌 되었든 감합부(勘合符, 해적과의 구별을 위해 무역선이 소지한 표찰)를 발행하여 왜구를 통제하려고 하였는데 밀무역은 그치지 않았다. 무역에서 얻는 부는 대단히 컸기에 서쪽 제후들이었던 오우치(大內)씨, 호소카와(細川)씨 같은 세력은 무역에 의해 부강하게 되었다. 이어 히데요시가 천하를 통일하게 되자 1588년 해적을 금지하고 정부의 허가를 얻은 무역선에는 모두 주인장(막부의 허가증서)을 휴대하도록 했다.

그런데 이로부터 4년 후인 1592년에 히데요시는 조선과 명에 대하여 왜구 이상의 엄청난 15만의 원정군을 파견하게 된다. 히데요시는 서쪽의 대륙으로 건너갔는데, 이로부터 무로마치막부 후반의 일본은 새롭게 남방에서 온 유럽인에 의해 원구와는 그 질도 양도 다른 움직임을 경험한다. 유럽인의 파도는 16세기 즉 무로마치막부 말에 시작하여 점점 그 파도가 커지게 된다.

가장 먼저 들어온 것은 인도항로의 발견자인 포르투갈인이었다. 그들은 인도에서는 서해안의 고아를 점령했다. 16세기 초에 중국의 마카오에 이르러 1543년에는 드디어 다네가시마(種子島)에 표착하여 처음으로 철포를 일본에 전하고 이로부터 자주 사쓰마, 분고(豊後), 히젠(肥前) 등의 해안에 다다르게 되었다. 그들은 무역과 함께 그리스도교를 수입했기 때문에 일본인 중에는 그리스도교에 귀의하고 마카오는 물론 고아와 포르투갈의 본국까지 간 사람도 출현하게 되었다. 로마 가톨릭교회는 예수회를 창립한 사비에르라고 하는 신부를 보냈기 때문에 그리스도교는 크게 일본인 사이에 퍼져 나갔다.

포르투갈인의 내항으로부터 30년이 지나 포르투갈인과 같은 구교도인 에스파냐인도 동양에 진출한다. 필리핀군도는 1521년에 에스파냐 항해자에게 발견되었고 에스파냐인이 점차 점령한 것은 이로부터 4, 50년 뒤였다. 그들이 1570년에 마닐라를 필리핀의 수도로 하고 멕시코 왕이 임명한 총독이 여기에 부임했다. 필리핀이 에스파냐에 점령되고 나서 10년 후에 에스파냐는 포르투갈을 병합하게 되고 포르투갈 본국은 원래 아프리카, 아메리카 및 아시아에 갖고 있는 광대한 식민지를 더하게 되었기 때문에 그 영토는 막대한 것이었고 그 세력은 실로 놀랄만했다. 당시의 에스파냐인, 포르투갈인은 상당히 시끄러운 존재였고 그들은 고아와 마카오를 인도와 중국에서 점령한 방법을 나가사키에도 적용하려고 했지만, 히데요시는 반대하고 1587년에 이를 회수하여 그리스도교의 포교를 금하며 동시에 서간을 필리핀 총독에게 보내 조공하기를 촉구했다.

에스파냐인이 마닐라를 필리핀의 수도로 하고 나서 30년 지나 세 번째 유럽의 파도가 극동에 미치게 되었다. 그것은 에스파냐인과는 인종, 언어, 종교를 달리 하는 네덜란드 인이었다. 네덜란드는 원래 에스파냐의 영지였는데 에스파냐의 압제에 반발하여 16세기 후반기에 드디어 독립운동을 일으켜 고전 끝에 1581년 그 목적을 달성했다. 그러기 때문에 에스파냐에 대해서 네덜란드는 정치상, 종교상의 적이었는데 지금 동양에서는 경제상의 경쟁자로써 대립하게 되었다. 네덜란드 사람은 상당히 상업에 뛰어난 민족이었기에 일본 집권자가 별로 그리스도교에 호의를 갖지 않는 모습에 주목하고 포교를 하지 않기로 하고 무역을 전문으로 종사했기에 자연히 일본 정부의 신용이 두텁고 1609년에는 히라도(平戸)에 상관을 세우는 것이 허락되었다. 네덜란드인에 이어 영국인도 1613년에 히라도에 와서 장사를 하였는데 네덜란드인과의 경쟁에 있어 장사에 좋은 결과를 얻지 못했기에 불과 10년 후에는 히라도에서 철퇴한다.

히데요시에 이어 권력을 장악한 이에야스는 평화주의를 채택하여 무역에 의해 나라의 부를 증가하려고 노력해 계속 주인장을 발행하여 해외무역을 장려했다. 이전의 왜구는 주로 동중국해를 활동무대로 했는데 평화의 일본 무역선은 남중국해까지 들어가 한편으로는 보르네오, 말라카까지 들어갔고 다른 한편에서는 통킹, 안남, 캄보디아까지 들어갔다. 안남의 수도 다낭의 동남쪽 근방 호이안[4]과 캄보디아의 수도의 남쪽인 미강(湄江)[5]의 하안에도 일본마을을 세우고 태국에서는 미강 남쪽의 지류에 해당하는 아유치아에도 일본마을을 세웠다. 야마다 나가마사는 원화연간(1616~23년)에 여기에 살았고 300명의 일본인으로 하나의 군대를 만들어 당시의 태국정부를 위해 공헌을 하고 크게 이름을 떨쳤다. 여기에는 천명 이상의 일본인이 있었다고 말해진다. 이로부터 다시 서쪽으로 진출하여 일본의 배는 말레반도의 빠따니에서도 네덜란드인과 거래했다.

도쿠가와 막부는 국내의 안정과 질서를 어지럽히는 행동이 없으면 외국인에게 차별적 대우를 할 생각은 없었는데 에스파냐인과 네덜란드인은 유럽에서의 그들의 싸움을 동양에까지 연속하여 서로 배척하려고 하여 일본 정부에 대해서도 서로 비방했다. 그들은 유럽에서는 1609년부터 12년간의 휴전 조약을 맺고 화목하려고 했음에도 불구하고 유럽 이외의 땅에서는 변함없이 전쟁을 계속했기 때문에 서로 방심할 수 없었다.

에스파냐가 동양 경략의 중심으로 했던 곳은 마닐라였는데 여기는 지리적으로 일본과도 가까웠기 때문에 거주하는 일본인도 상당히 많았다. 1606년에는 일본인은 1,500명 정도였고 에스파냐인보다 다수였다. 일본 정부가 기독교의 금지에 힘쓰자 신도로서

....

4 16~17세기에 동남아시아 각지에 진출한 일본인이 해당 지역에 형성한 집단거주
   지로, 주인선무역으로 성장하다가 나중 쇄국령에 의해 쇠퇴.
5 메콩강. 중국의 티베트에서 발원하여 미얀마·라오스·타이·캄보디아·베트남을
   거쳐 남중국해로 흐르는 강.

가족과 함께 마닐라에 흘러들어온 사람이 상당히 있었기 때문에 마닐라의 일본인은 증가를 계속하고 3,000명이나 되는 일도 있었다고 한다. 이들 다수의 일본인 중에는 불량분자도 적지 않았기에 마닐라 총독은 귀찮게 생각했고 1608년경 총독으로부터 도쿠가와 막부에 대해서 선량한 일본인이라면 오는 것을 막지 않지만 불량한 자에게는 곤란하기에 마닐라인은 불량분자는 송환하고 싶다는 문서를 보내 200인 이상의 일본인을 송환하기도 했다.

네덜란드 사람들은 1611년에 처음으로 자카르타 즉 바타비아에 와서 이후 8년 후인 1619년에는 전부 점령했다. 당시는 모든 방비가 허술했기 때문에 일본인의 힘을 빌려 군대를 편성하여 히라도에서 이들을 고용하여 데리고 갔다. 나중에 막부는 일본인을 병사 또는 노예로 데리고 가는 것을 금지하는데, 그래도 1632년에는 바타비아에 108인의 일본인이 있었다. 이들 일본인과 말레인을 병사로 하여 거기에 네덜란드인이 더해져 총 2,000명 정도가 17척의 배에 타고 1622년에 마카오를 공격했는데 그 목적을 달성하지는 못했다.

일본인이 용감하다는 평판이 높았기에 이를 고용하여 병사로 삼고 전쟁에 이용하려고 하였던 일은 종종 있었다. 그러나 용병은 결국 용병이고 유럽 근대의 스위스와 헤센[6]의 용병과 마찬가지로

----

6 헤센카셀 방백국(Landgrafschaft Hessen-Kassel), 또는 간단히 헤센카셀은 17세기부터 18세기에 걸쳐 군대를 용병으로 빌려주었는데, 다른 유럽 국가의 용병 시장의 공급원이 되었다.

아무리 전쟁에 이겨도 승리의 진짜 결과는 그들을 고용한 사람들에게 돌아갈 뿐이었다. 유럽근대의 스위스, 헤센처럼 전문 용병을 수출하여 이를 고용해주는 사람을 위해서라면 그 사람이 어디에 있더라도 상관없는 것과는 달리 일본민족은 당당한 일대국민이다. 똑같이 민족의 선혈을 무시한다고 하는 점에서 보자면 타국의 용병이 된다고 하는 분별없는 것을 그만두고 일본민족 독자의 의지에 의해 독자적인 계획을 세워 싸운다고 하는 것이 맞다. 당시 극동에 건너간 포르투갈인과 에스파냐인들이 다시 싸우게 되고 공동의 전선에 참가하지 못한 것은 일본에 있어서는 해상팽창이라고 하는 점에서 좋은 기회가 아니었다. 이 의미에서는 조선에 파견된 히데요시 대규모의 원정군은 오히려 남방경략에 투입해야 했었다. 우선 류큐를 완전히 우리 영토로 해야 했다. 류큐는 응인 연간(1467~69)부터 시마즈(島津)씨에게 사신을 보내고 있다. 그러나 이 조공도 무로마치 막부 말기부터는 소홀히 하고 있었다. 히데요시가 남방 바다의 경략에도 관심을 가지고 있던 것은 그가 1582년 6월에 가메이 고레노리(龜井玆矩)에게 류큐 감독이라고 하는 직명을 준 것으로 보아도 알 수 있는 일이다. 그러나 류큐가 중국에도 조공하고 있으면서 한편으로는 시마즈씨에게도 복속하는 것 같이 했던 것은 1609년에 시마즈씨가 류큐를 정복했던 때부터이다. 류큐 다음으로는 타이완이 있다. 여기에는 히데요시와 이에야스 당시에는 어느 나라의 세력도 아직 미치고 있지 않았다. 그 타이완의 서부와 북부에 객가(客家)라고 불리는 중국인이 살고 있을 뿐이었다. 히데요시는 타이완에 조공을 권하는 글을 보냈는데 아직 정치상의 통일을 하지 않은 지역이었기에 누구도 그 문서를 받으려고 하지 않았다. 임진, 정유왜란도 있었기 때문에 이 문서는 결국 전해지지 않고 말았다. 이에야스도 류큐를 그 세력 하에 두는 것과 동시에 두 번이나 타이완 경략계획을 세웠지만 실현시키지 못했다. 그리고 일본인이 이렇게 주저하고 있는 사이에 네덜란드와 에스파냐가 일찍 타이완에 주목하고 네덜란드인은 팽호도를 점령하고 1624년에는 타이난의 여기저기에 성을 쌓고, 이어 에스파냐인도 타이베이에 상륙하여 점령했다. 거기에 일본인이 건너갔고, 결국 하마다 야효에(浜田彌兵衛)와 네덜란드 지사와의 충돌이 일어났다. 이때 일본정부가 만약 타이완에 대한 확고한 방침을 갖고서 야효에를 후원하고 힘 있는 행동을 했다면, 이 섬을 일본인의 손으로 경략하는 것은 그리 곤란한 일은 아니었을 것이다. 당시 타이완을 점령하고 있던 네덜란드인도 에스파냐인도 상당한 병력을 가지고 있지 않았다. 네덜란드인은 나라가 만들어진지 얼마 안 되어 활기찼기 때문에 드디어 1642년에는 에스파냐인을 타이완에서 추방했는데 그러는 중에 만주왕조에게 쫓겨난 명의 신하들이 여기에 들어와 1661년에 네덜란드인을 내쫓고 타이완을 점령했다. 명의 정성공(鄭成功, 1624~62) 등은 일본에 도움을 구하고 있는데, 이때의 일본은 완전히 해외의 경략을 단념하고 말았던 때였기에 도움이 되지 못했다. 이로부터 20년 후인 1683년에는 타이완은 완전히 만주왕조의 손에 평정되었다.

히데요시가 중국대륙의 서쪽이 광활한 것과 그 문명이 발달한 것에 눈이 미쳐, 원정군을 보냈더라면, 다시 말해 그로부터 확실한 민족적 발전의 초석을 세우는 큰 세계가 남방의 해상에 있다고 하는 곳에 생각이 미쳤더라면 하는 아쉬움이 있다. 타이완만이 아니다. 필리핀에 대해서도 일본인은 많은 관심을 가지고 있었다. 1603년 당시의 시마즈 번주는 필리핀의 한 섬을 공격하여 그리스도교의 소굴을 절멸시키려고 했는데 이 계획은 실행되지 못했고, 이어 1637년 막부 내에도 군사를 내자고 하는 의견이 있었지만, 이도 마침 종교전쟁인 '시마바라(島原)의 난'이 일어났기 때문에 실행하지 못했다. 대해를 건널 수 있는 큰 배를 만들 정도의 조선술은 당시 이미 있었고 바다를 항해하는 기술도 있었다. 윌리엄 애덤스[7]의 조언으로 만들어진 배는 1610년 태평양을 가로질러 멕시코에 갔고 하세쿠라 로쿠에몽(支倉六右衛門)이 1613년에 멕시코로 간 배도 다테 마사무네의 명령으로 일본의 장인에 의해 쓰키노우라(月浦, 미야기[宮城]현)에서 만들어진 것이었다. 바다를 정복하는 것은 가능했지만 당시의 일본인은 해상경략의 문제에서는 퇴행주의, 소극주의였다.

　이리하여 일본인의 소극주의는 철저한 것으로 쇄국의 발포에 이르게 되었다. 1633년, 쇄국령이 발포되고 일본 이민의 외국체재가 5개년 이상에 미친 것은 귀국하면 사형, 5개년 이하의 체재에 지나지 않은 것도 어쩔 수 없는 사정 때문에 체류한 자 또는 돌아와서 진정으로 일본에 정착한 것이 아니면 사형에 처했다.

....

7　William Adams, 1564~1620년. 아즈치모모야마 말기부터 에도시대 초기에 일본에 포착한 영국 출신의 항해사. 나중에 미우라 안진(三浦按針)이라 불림.

1634년에는 500석 이상을 적재할 수 있는 큰 배를 건조하는 것이 금지되고 또한 돛대는 하나로 제한했다. 1636년부터는 일본배의 해외 도항은 완전히 금지되었다. 일단 해외로 도항한 것은 다시 돌아올 수 없게 되었다. 그다음에 종교전쟁인 '시마바라의 난'이 일어나고 점차 평정되자 막부는 1639년에 외국배가 일본에 오는 것을 금한다고 발표했다. 1543년 일본은 유럽의 여러 나라에 대하여 전후 96년간 일본을 개국한다고 했는데 이것이 중단되게 된 것이다. 이것에 의해 15년 전의 1624년에 막부는 일찍이 그 행동이 불온하다는 의심을 하고 있던 에스파냐인을 남김없이 일본에서 추방했다. 기독교 신자인 일본인도 외국에 건너가 무역을 하는 것을 금지했다. 기독교 신자가 아니라면 무역을 해도 상관없다고 했지만 필리핀으로 가는 것도 금지했다. 그래서 이 외국배가 오는 것을 금지가 발표되고 일본에 있던 포르투갈의 남녀 287명은 남김없이 마카오에 송환되었다. 마카오에서는 일본과의 무역을 회복하려고 두 번이나 사신을 보냈지만 모두 거부당했다.

이리하여 일본에 거류하고 무역하는 것이 허락된 외국인은 네덜란드인과 중국인만이 있게 되었다. 쇄국령 당시 해외에 체류하는 일본인은 어느 정도였을까. 1675년 막부는 재외 일본인이 중국의 배를 통하여 고향과 통신하는 것을 허락한 것에 대해서 나가사키에서 이를 검문했는데 이것에 의해 통신자는 29인에 지나지 않았다. 물론 이외에도 어떤 경우에 고향과 통신을 통할 수 없게 된 것도 다수 있었을 것이다. 그것이 어느 정도였는지 알 수 없지만, 이들 일본인의 왕래가 단절되었기에 완전히 이국에서 사라져

버리게 되었다.

1639년 일본이 쇄국하고 나서 1939년까지 실로 약 300년 지났다. 이 300년 중 최초의 215년간은 쇄국 정책으로 일관하였고 215년째에 잠시 일본이 개국하고 그로부터 지금까지 85년이 지났다. 그리고 일본의 국운은 놀랄 정도로 발전한 것이다. 쇄국정책이 왜 200년 이상이나 유지되었는지에 대해 신기하다고 생각하는데 이는 일본인이 상무적으로 적에게 무서운 존재라는 것이 소문이 났기 때문이다. 자비에르가 칼 5세에게 보낸 편지에 일본인은 용감하기에 멕시코로부터 강대한 함대로 일본을 공격하고 정복하려 해도 간단하게 정복할 수 없다고 적고 있다. 이러한 생각이 일반적인 것이었고 적어도 유럽인이 일본을 두려워하고 있었다고 하는 것을 알 수 있다.

그래도 외국의 배는 때때로 쇄국한 일본의 해안에 상륙했다. 일본의 동쪽 해상에는 금은이 있다고 하는 소문을 증명하고 싶어 하는 외국선은 자주 왔다. 에스파냐인은 이 목적으로 이에야스의 허가를 얻어 일본의 동해안을 에도에서 센다이번의 북쪽 끝까지 측량했다. 그 동기가 의심을 받아 에스파냐인은 가장 먼저 일본에서 추방되었다. 같은 탐험의 목적으로 들어온 네덜란드 배는 쇄국령 발포 직후에 남부번의 역내의 항구에 들어온 적도 있었다. 그러나 쇄국시대가 되고부터는 일본을 향한 관심은 달라지고 남방으로부터가 아니라 주로 북방으로부터 온 것도 있었다. 마침 쇄국령이 발포되었던 때에 러시아는 이미 오호츠크해의 연안까지 오고 있고 그로부터 60년 후에는 그들은 캄차카의 남쪽 끝까지 진출

하여 여기서 일본의 표류민과 접촉했다. 이리하여 러시아의 남하
가 시작되고 러시아인에 의한 탐험대는 1749년 지금으로부터 200
년 전에 센다이 부근과 아와(安房)의 아마쓰(天津, 현 치바현)의 연
안에 온 적도 있다. 그로부터 32년 후에 캄차카에서 출발하여 유
럽으로 향한 러시아의 배는 시코쿠의 아와와 사쓰마의 오오시마
에도 접촉하고 있다. 이러한 사실은 일본의 지식인에게 북방에
러시아인이 있다고 하는 것을 깊게 인상지었다. 실제 러시아인은
치시마의 원주민을 회유하여 일본과 무역을 열게 하고 18세기 후
반에 있어서 사절을 일본에 보내기를 세 번이나 했다. 첫 번째는
네무로에, 두 번째는 하코다테에, 세 번째는 나가사키에 사절을
보냈는데 일본은 모두 거절하였다. 그 때문에 러시아인은 화가
나서 치시마와 사할린을 습격하고 일본과 러시아 사이에 작은 분
쟁이 일어났다. 하야시 시헤이(林子平)의 해방론은 두 번째의 러시
아 사절이 하코다테에 왔던 1792년에 나온 것으로 일본은 섬나라
이며 외국의 배는 어디서도 올 수 있는 곳이기에 해안의 방비는
소홀히 할 수 없다고 경고하는데 당시 국민의 눈은 오로지 북쪽
러시아에만 향해 있던 것이다. 막말의 지사의 대외론에서 주의를
기울일 필요가 있는 것은 많은 러시아에 대한 정책이었다. 혼다
도시아키(本多利明, 1743~1821년)는 캄차카를 정벌하고 도시를 탈
취하여 여기에 일본의 행정도시를 옮겨야 한다고 역설했다. 사토
노부히로(佐藤信淵, 1769~1850년)는 일본은 남쪽에 있는 적이 적기
때문에 오로지 북방을 개척해야 할 것이다. 또 남방에 적이 있어
서는 막는데 곤란을 피할 수 없다. 그 때문에 남해의 무인도와

많은 섬을 개척하는 것도 필요하지만 우선 가장 가까운 만주 대륙부터 정복해야 한다고 대륙정책을 위한 의견을 왕성하게 발표했다. 그런데 막말의 일본은 매우 복잡하고 이쪽에서 대륙으로 쳐들어간 것은 없었다. 오히려 밖에서 쳐들어오는 상태였다. 러시아는 19세기 중엽 헤이룽강을 따라 동해로 내려오게 되자 사할린으로부터 더욱 남하하고, 산업혁명의 파도를 타고 온 영국은 인도 다음에는 중국을 자신의 시장으로 하려고 하여 드디어 '아편전쟁(1840년)'으로 중국의 문호를 열고 그 항구를 열게 했다. 미국에서 일본에 파견된 페리는 일본과 여러 외국과의 사이에 맺어진 그때까지의 교섭의 전말을 충분히 조사하고 가장 효과적인 방법으로 일본을 개방시키는 데 성공했다.

3

지금까지 일본이 215년간의 쇄국주의로부터 각성하여 개국에 이르는 사정을 서술했는데, 일본이 각성하자 일본 근해의 섬들에 외국세력이 거리낌 없이 들어오게 되었다. 류큐에는 1847년에는 프랑스가, 1856년에는 미국이, 1859년에는 네덜란드의 세 나라가 독립국의 자격으로 각각 조약을 맺고 있다. 오가사와라 제도 97개의 섬들은 임진, 정유왜란의 2년째에 해당하는 1593년에 오가사와라 사다요리(小笠原貞頼, ?~1625년)가 발견했던 것인데 일본인이 여기에 신경을 쓰지 않았기 때문에 1830년에 미국인과 영국인이 하와이 토인을 데리고 여기에 이주했다. 각국의 군함도 교대로 왔다. 미국과 영국 등은 서로 그 영토권을 주장하고 있었다. 그래서 막부도 크게 낭패를 느끼고 1861년에 38인의 하치조시마의 원주민을 여기에 이주시켰는데 미국의 항의로 소득 없이 철수했다. 그로부터 같은 1861년에 러시아의 군함이 쓰시마를 난폭하게 점령하는 상태가 발생한다.

구미인의 압박과 침습 탓으로 막말의 양이론은 일층 가속을 가하게 되었는데 이 내외의 곤란을 재단할 힘이 없었던 막부는 붕괴된다. 이에 대신하는 신정부는 결국 실행할 수 없는 양이론을 버리고 개국하는 방침으로 돌아섰다. 메이지유신 이래 1939년까지 71년째인데 그 사이에 일본은 사방팔방으로 진출하였다. 그중 남쪽, 즉 다시 말해 대 남양으로 진출한 역사를 보자면 대체로 네 시기로 나눌 수 있다. 제1기는 메이지 원년(1868년)부터 12년(1879년까지)이고 이 사이에 애매한 남방의 섬들의 국적을 확정했다. 일본 정부는 시끄러운 국경분쟁을 정리할 필요가 있었기 때문에 1875년에는 치시마, 사할린을 교환하였고 1876년에는 오가사와라가 일본 영토인 것을 선언하고 또 1879년에는 류큐 번을 폐하고 오키나와현을 두고 드디어 중앙집권의 길을 열었다. 청나라 정부로부터 항의가 있었지만, 일본은 처음부터의 방침을 굽힘없이 목적을 관철했다.

1879년부터 지금(1939년)까지 60년이다. 갑자가 한 바퀴 돈 것이다. 이 60년 사이에 일본의 남진은 1895년의 타이완 획득을 제1기, 1914년의 남양제도의 획득을 제2기, 금년의 해남도와 신남군도(新南群島, 남사군도라고도 한다)의 획득을 제3기라고 하여 양양한 전도에 매진하고 있다. 1877년의 오쿠보 내무경은 치치시마에 세워진 '오가사와라영유기념비'에 한문으로 '남문(南門)'이라고 썼다. 다시 말해, 당시의 오가사와라는 일본의 남문에 해당했던 것인데, 일본의 국운이 상승함에 따라 남문의 위치는 점차 남쪽으로 바뀌어 타이완이 되고 우라 남양의 섬들이 되고 이어 해남도가 된 것이다.

1879년의 일본은 점차 남방의 경계선을 확정하고 안심하게 된 상태였는데, 유럽의 각국은 아프리카와 대남양의 분할을 위해 열심이었다. 독일은 일본이 류큐를 국토로 포함한 1879년에 먼저 마셜군도를 획득한다. 네덜란드인이 뉴기니섬의 서쪽 반을 손에 넣은 것은 1848년이었는데, 영국은 1881년에 나머지 반 중 남방을 취하고 독일인도 여기에지지 않고 그 북방을 손에 넣었다. 독일은 이에 만족하지 않고 뉴기니의 신영토의 북쪽에 있는 섬들까지 손을 뻗쳤기 때문에 에스파냐는 서둘러 독일의 침입을 막지 않으면 안 되게 되었다. 프랑스는 1885년 청나라와 싸워 안남(安南)과 통킹을 공략했다.

여러 나라가 이렇게 착착 남양의 각 지방을 공략하기 시작한 것은 일본인에게 분개를 느끼게 했다. 일본도 뉴기니에 식민해야 할 것인가 캐롤라인, 마리아나의 섬들을 매수해야 할 것인가 혹은 보르네오 일부를 사야 할 것인가 하는 논의가 있었지만, 전혀 반응이 없었다. 1886년 정부는 군함 쓰쿠바를 남양에 파견하는데 이에 편승한 시가 시게타카(志賀重昻)는 귀국하여 기행문을 써서

『남양시사(南洋時事)』를 간행했는데 대단한 평판을 얻었다. 일본 정부가 오가사와라의 바로 남쪽에 있는 화산열도 즉 유황제도를 일본국기 밑에 둔 것은 1891년이었다. 1890년에 남양경략론을 『동경경제잡지(東京經濟雜誌)』에 싣고 자금 일본에는 야마다 나가마사, 진제이 하치로(鎭西八郎) 없이는 안 된다고 탄식했던 다구치 우키치(田口卯吉)는 도쿄부 4만 2천 명의 사족에게 준 후원금을 이용하여 남양과의 사이에 무역을 진흥해야 한다고 주장하고 남양상회를 만들고 배를 보내 파라우, 캐롤라인까지 갔다. 다만, 그 동기는 가상하지만 제멋대로 후원금을 사용했다는 비난이 속출했기에, 사업을 계속하는 일이 불가능하게 되었다. 결국 남은 후원금은 분배하는 것으로 했는데, 1호당 불과 50전에 지나지 않았다. 이러한 실패도 있었지만, 그로부터 남양과의 무역에 뜻을 두는 자가 점차 나타났다. 일본 이민도 태평양의 여기저기로부터의 수요가 있어 진출하게 되었다. 그들은 모두 백인의 자본가에게 고용되어 일하는 노동자였다. 호주의 퀸즐랜드와 하와이에 건너간 것은 사탕수수 재배에 종사했고, 목요도에 건너간 것은 해삼과 진주조개의 어획에 종사했다. 이는 백인과 함께 노동하는 것이 아니었다. 백인 노동자가 일하지 않는 열대지대에서 담당하는 힘든 근육노동이었다. 이 당시에는 다소의 자본으로 가서 사업을 경영한다고 하는 일본인은 아직 존재하지 않았다.

  이런 지경이어서 국민이 해외에 나가는 것은 그냥 노동자이거나, 혹은 별로 바람직하지 않은 장사(매춘)를 하고 있던 여성들이 많았는데, 정부는 1888년에 마닐라에 영사관을 설치하고 다음 해에 싱가포르에 영사관을 설치했다. 당시 일본 국민의 가장 큰 걱정은 역시 북방 러시아에 있었다. 1887년 정부는 보호의 손이 닿지 않는다는 이유로 북 치시마의 주민들을 남 치시마로 이주했는데, 해군 대위 군지 시게타다(郡司成忠, 1860~1924년)는 이를 한탄하면서 북방의 방비가 허술하다고 하는 것은 한심한 일이라고 하고, 1893년에 많은 지지자를 모아 점수도[8]로 나아갔다.

해상 발전에 뜻을 둔 자는 있어도 해상발전에 필수 불가결한 상선과 군함은 당시 일본에서는 부족했다. 1889년 육군 중장 미우라 고로(三浦梧樓)는 일본에는 식민지가 없기 때문에 해군이 필요하지 않다. 재정상의 필요상 오히려 해군을 없애고 육군을 충실하게 하는 방법이 유효하다고 했다. 일본정부는 개국에 바쁜 1853년 9월 초에는 점차 큰 배를 제조하는 것을 금하고 있다. 다음 해인 1854년에 243년 만에 우라가(浦賀)에서 서양식의 배를 만들었는데, 1860년 말 일본이 소유하는 기선은 35척, 1만 5천여 톤에 지나지 않았다. 그것이 1892년에는 642척 10만여 톤이지만 수출입의 7할 7부는 외국배에 의한 상태였다. 그래도 열심히 해군과 해운의 확장을 꾀하게 되어 1892년 정부는 항로 확장안을 의회에 제출하고, 다음 해 유선회사인 봄베이(Bombay)항로가 우선 열리게 된다.

청일전쟁의 결과 일본의 서남팽창선이 활동하고 먼 타이완까지 확장되어 일본 영토가 북회귀선을 넘게 된다. 이어 미국도 에

8　占守島는 치시마열도 북동의 끝에 있는 섬.

스파냐와 싸움을 일으켜 필리핀과 괌섬을 빼앗고 새롭게 동양의 강국이 되었으며, 또한 독일은 에스파냐로부터 2,500만 페세타[9]를 주고 캐롤라인, 파라우, 마리아나의 섬들을 매수했고 적도 이북으로 약진하고 있다. 이것이 1898년의 일이다. 일본도 남쪽으로 나아갔지만, 구미의 2대 강국은 남쪽에서 북으로 밀려와 일본을 압박하는 형세를 띠었다. 남양에 있는 섬들은 작은 암초 같은 것까지도 찾아 점령하게 된다. 일본이 마카스 섬 즉 미나미토리시마를 일본의 영토에 넣은 것은 1898년 7월의 일이었다.

타이완의 획득으로부터 제2의 약진의 시기인 1914년까지는 19년의 간격이 있는데 그사이에 러일전쟁이 일어났고 일본의 서북 및 동북의 양 팽창선은 크게 활약한 결과 동북에서는 사할린의 50도 이남의 일본의 영토에 더해지고, 서북에서는 한반도가 병합되어 대륙정책은 대단히 활기를 띠었다. 이 시기 다케고시 요사부로(竹越與三郎)[10]의 남진론도 유명하지만, 아울러 북진론은 가장 왕성하여 다케베 돈고(建部遯吾, 1871~1945년) 같은 이는 우리 북진의 앞길에는 러시아만 있는 것이지만, 만약 남진한다면 영국, 미국, 독일의 여러 강대국을 적으로 돌리지 않으면 안 된다고 주장한다.

일본이 러시아를 격파한 것에 놀란 태평양연안의 앵글로색슨의 나라들은 미국도 영국도 모두 배일을 표방하고 갑자기 일본

---

9 1998년까지 발행된 에스파냐의 통화단위.

10 메이지시대부터 쇼와 전기에 걸쳐 활약한 정치가이자 역사가, 호는 산사(三叉).

이민을 배척하기 시작한다. 이들 나라와의 국교가 곤란하게 되었기 때문에 당시의 고무라 외상은 메이지시대의 말에 드디어 '만한(滿韓)집중론'을 이야기하게 되었다. 백인 세계의 배일은 인종적인 편견으로부터 일어난 것으로 이것에 분개한 사람들 중에는 남극탐험을 계획하여 일본국민의 가슴에 있던 불편한 마음을 사라지게 한 일도 있다.

미국, 캐나다 및 호주에서의 배일운동은 일본인의 해상기업을 압박하는 결과로 되었다. 이미 1904, 5년의 싸움(러일전쟁) 직후에 유럽항로와 호주항로를 연 우송회사는 1911년에 캘커타 항로를, 1912년에는 남양우선회사는 남양항로를 시작한다. 그런데 1914년 독일과 전쟁이 일어나고 우리 동남 팽창선의 대활약으로 일본은 동서 2,300리 남북으로 1,300리의 구역 내에 있는 622개의 섬과 836의 암초로 이루어진 캐롤라인, 마셜, 마리아나의 세 군도를 위임통치하게 되어 단번에 북회귀선을 넘어 적도까지 진출하게 된다. 이와 같은 우라 남양의 진출의 기회에서 남진의 중요성을 해군 정책의 관점으로 가장 학술적으로 규명한 것은 다이쇼 6년(1917년)에 발표된 사토 데쓰타로(佐藤鐵太郎, 1866~1942년) 해군 중장의 논문이었다. 일본 해군은 크게 확장되고 영국과 미국에 이은 제3위의 대해군이 되었다. 대전 말기부터 일본 육군도 시베리아에서 활약했다. 당시 민간에 유행했던 노래 중에 다음과 같은 것이 있다. '흐르고 흘러 정착한 곳은 북쪽은 시베리아, 남쪽은 하와이다. 어느 곳을 묘로 정할 것인가 어느 땅에서 숨을 거둘 것인가'라고 이것은 대륙과 대양에 활동하는 당시의 일본인의 의기를 노래한 것이다.

1914년에 일본이 우라 남양의 군도를 점령한 때부터 금년(1939년)의 오모테 남양의 활동까지 25년 세월이 걸렸다. 이 사이에 일본민족의 팽창은 제1기 즉 무로마치막부에서 도쿠가와 초기에 이르는 당시 남방발전관과는 여러 의미에서 다르고 멈출 수 없는 여러 가지 원인에 촉구된 것이다. 어쨌든 인구는 격하게 증가하여 좁은 국토에 지나치게 조밀했기 때문에 이렇게 활약하는 장소와 활약하는 길을 찾지 않으면 안 되고 또 비약적인 산업에 대해 시장을 일으키지 않으면 안 된다. 각종의 천연자원의 공급지로 여러 곳이 필요하고 또한 자본을 투자하여 사업을 경영해야 할 장소가 필요하다. 정치적 군사적으로 나라를 안정화하는 준비도 필요하다. 제1기의 팽창시대에 도쿠가와 막부가 해외 이민을 못 본 체하지 않았던 것처럼 국가에 의한 충분한 보호가 행해지지 않으면 안 된다. 이리하여 일본민족이 도달하는 장소마다 평화와 새로운 문화의 복음을 가져온다고 하는 공명심을 현대의 일본인은 가지고 있다.

그 발전은 실로 눈부신 것이다. 타이완은 처음에는 좀처럼 통치하는 데 돈이 들었기 때문에 귀찮다고 생각되었고 프랑스는 1억엔 정도로 사겠다고 말하고 있었다. 그렇지만 10년 정도 지나면서 재정적으로 독립되게 되었다. 면적으로 따지면 960만 리에 지나지 않는 우라 남양의 섬들도 1932년부터는 스스로 자신의 비용을 부담할 수 있게 되었다. 개인기업도 왕성하게 되어 오오타 교사부로(太田恭三郎)의 마닐라에서의 마 재배와 이시하라 히로이

치로(石原廣一郎, 1890~1970년)의 채광사업과 마쓰에 하루지(松江春
次, 1876~1954년)의 사탕수수재배업 같은 큰 성공을 거둔 예도 적
지 않다. 이와 같이 일본인의 남양 이주도 상당한 수에 이르고
있다.

일본 민족은 서쪽 대륙으로부터 남방의 섬으로부터 건너왔던
것으로 상상된다. 과연 그렇다고 한다면 일본의 현재의 대륙적이
고 해양적 활동은 고향에 대한 동경이라고 보인다. 동물에게는
자기가 태어난 곳에 돌아가려는 본능이 대단히 강하다. 연어와
송어는 알로 태어난 곳에 돌아가는 성질을 가지고 있고, 청어도
태어난 해안으로 돌아간다고 한다. 전서구도 자기의 둥지를 찾아
가는 본능과 말과 개와 고양이가 가지고 있는 것과 같은 성질도
잘 알려져 있다. 현재의 일본인이 서방과 남방에 대한 발전적 행
동이 치열하게 전개하는 까닭도 이렇게 보면 이해되는 것은 아닐
까. 동물은 결코 맹목적이지 않다. 1879년부터 1895년, 1895년부
터 1914년, 1914년부터 1939년과 같이 남방 발전의 단계로 되는
시기를 보면 최초는 16년간을 준비했고, 다음 시기에는 19년, 최
후의 시기에는 25년이라는 세월이 필요하다. 발전의 속도가 항상
빨라지는 것은 아니다. 오히려 시간이 지남에 따라 더욱 속도를
늦추고 준비에 충분한 노력을 쓴다고 하는 극히 신중한 태도를
보이고 있는 것을 알 수 있다. 문명은 진보함에 따라 가속도가
된다고 말하는 사람도 있지만, 일본의 남방 경영의 발전을 보면
오히려 이 설의 반대가 되고 속도를 내기는커녕 오히려 늦어지고
있는 것은 실로 재미있는 현상이다. 이것은 결코 계획적으로 행해

지는 것은 아닐지라도, 무의식적이면서도 현명한 것으로 일본민족의 자랑할 만한 점이라고 믿는다. 그런데 민족의 팽창에는 최적의 방면과 질적인 방면에서 가장 급속도로 성장하는 나라는 역사상 적지 않게 보이기 마련이다. 고대의 알렉산더대왕의 대제국, 중세에서는 칭기즈칸의 몽골제국, 근세에서는 나폴레옹 1세의 제국들은 그 두드러진 예이다. 그러나 어느 것도 모두 덧없이 단명으로 끝났다. 이에 반하여 고대의 로마는 500년 걸려 지중해를 호수로 하는 대제국을 쌓아 올렸고, 또 현대의 대영제국은 그 건설 사업에 400년이나 걸렸다. 그들은 급속도로 무턱대고 서두르는 일을 하지 않는다. 채택한 것은 충분히 잘 살피고 소화하여 천천히 완성해 간다. 나라에는 정해진 수명은 없지만, 너무 단시간으로 만들어진 것은 영토가 크면 큰 만큼 그 실질이 약한 것이 있어 단기간에 쇠퇴하는 경향이 있는 것은 놓칠 수 없는 사실이다. 가지와 잎이 무성해도 뿌리가 튼튼하지 않으면, 큰 나무라도 강풍을 만나면 넘어져 버리는 것과 같은 이치다.

영국인과 러시아인의 국민성을 말해주는 이야기에는 다음과 같은 것이 있다. 영국인은 한 사람의 영국인은 어리석지만, 두 사람이 모이면 운동을 하고 세 사람이 모이면 제국을 만든다고 한다. 러시아인은 한 사람의 러시아인은 천재지만, 두 사람이 되면 두 사람의 바보가 있고 세 사람이 되면 무정부주의자가 된다고 한다. 세상의 평범과 단조를 깨기 위해서는 천재는 필요하지만, 무정부주의자가 되어서는 곤란하다. 우둔해도 모여서 제국을 만드는 쪽이 훨씬 좋은 것은 말할 나위도 없다. 이러한 비유를 일본인에게 적용한 것을 아직 본 적이 없기에 나는 어느 친구에게 물어보았더니 그가 말하길, 한 사람의 일본인은 현명하고 두 사람이 되면 당파를 만들고 세 사람이 되면 싸움을 한다고 명쾌하게 답을 했다. 일본인은 그 한 사람 한 사람이라는 무언가 알지는 못하지만, 민족으로서 매우 현명하다고 하는 것은 국운의 발전에 도움이 된다. 게다가 현재에는 성전에서 당파의 분열이라는 것은 보이지 않는다. 싸움은 하더라도 국내에서는 하지 않고 외국과만 한다. 일본의 정책과 행동은 이해를 가지지 않은 중국인의 일부와 구미의 약간의 나라에 대한 것뿐이다. 이러한 이유로 일본의 남방 경영의 앞길에는 여러 가지 곤란이 있을 것이다. 외부로부터 오는 장애 외에도 일본인들의 두뇌와 마음속에도 경험과 사려가 부족한 것으로부터 일어나는 여러 가지 장애가 없다고는 할 수 없다. 이러한 장애를 없애기 위해서는 매우 겸허한 태도로 많은 민족과 국민의 과거의 경험에 대해 스스로 배우고 이미 맛본 실패를 반복하지 않도록 전철을 밟지 않도록 주의하는 것 외에 적절한 방법은 없다. 이 의미에 있어 일본민족 스스로의 남방 경영사의 이야기를 반복하여 스스로 고려하고 반성할 재료로 삼는 것은 현재의 시국에서 매우 의미가 있는 것이라고 믿고 있다.(1939년 6월 21일부터 23일)

제4장

일본민족의 해상발전

나라는 생물이기에 위세가 좋을 때도 나쁠 때도 있고 자연이나 영토적으로도 늘거나 줄어들 때가 있다. 기세가 있는 나라는 어떠한 방향으로 성장해 가는가 하면, 그것은 같은 이웃나라 중에서도 저항력이 약한 쪽으로 향하는 것은 말할 것도 없다.

그렇다면 어떤 곳에 있는 나라가 강하고 어떤 곳에 있는 것이 약한 것일까. 이것은 동서양에서도 학자들이 주의하고 있는 바이다. 영국의 철학자로서 이름 높은 프란시스 베이컨은 과거의 역사에 대해 남방민족이 북방의 나라를 침범한 것이 드문 것에 반해, 북방 민족이 남방을 침범하는 쪽이 보통이라는 현상에 주목하고 북국의 상무적, 무단적인 성향에 그 원인을 찾고 있다. 베이컨에 따르면 그 원인 중에 북반구의 별의 탓이라고 하면서, 결국 추위가 엄한 북국의 기후로 인해 거기에 살고 있는 인민이 자연히 신체가 단련되어 강하게 된 것이라고 결론짓고 있다. 가장 북이라고 하고, 남이라고도 하는 곳에서도 북에는 북이 있고, 남에도 남이 있어 어디서부터가 남이고 어디부터가 북인가 하는 명확한 선이 있는 것은 아니지만, 북국이 일반적으로 강하고 남방으로 뻗는 경향이 있는 것은 역사상 부정하기 어렵다고 할 수 있다. 그렇지만 그것은 북반구에서 말해지는 사실에 지나지 않는다. 오늘날의 세계 문명은 북반구를 넘어서는 것이다. 춥고 가난한 북방이 따뜻하고 물질이 풍부한 남방을 침입하여 문화를 넓혀 가는 것으로 이 남북에 관한 관찰은 남반구에는 반드시 맞는 것은 아니라고 생각한다. 각설하고 베이컨도 말하고 있는 것이지만, 지구의 북반구는 육지가 많은 것에 비해 남반구는 해면이 많은 것이기에 남방으로 나가는 것이 북반구에 속한 나라의 보통의 행동이라고 말하기 쉽지만, 그러한 위세가 좋은 나라는 결국 넓은 바다로 나가게 된다. 그런데 이들 관계에 있어서는 세계 역사에 출현하는 두, 세 개의 흥미 있는 사실이 있다.

그 하나는 옛날 대개 큰 나라라고 하는 것은 하나의 예외도 없이 육지에서 일어나고 대륙에서 팽창하여 큰 대지를 손에 넣는 것으로 해변, 또는 섬에서 시작하여 대국을 만든 케이스는 없었다. 서양의 고대에서는 지중해로 나가 널리 무역을 하고 엄청나게 번영한 페니키아와 그리스 민족이 있지만, 그들이 모두 커다란 하나의 국가를 만든 것이 아니다. 그로부터 두 번째는 이들 큰 육지나라는 각 시대에 알려진 세계를 통일하여 패권을 장악한 것으로, 동시에 두 개 이상의 대국이 정립하고 있는 것은 없었다. 즉, 이집트에서 로마에 이르기까지의 대국은 서로 교대로 각 시대의 유일대국으로서 당시의 세계를 정복하고 지배한 것이다. 그런데 15세기 이후의 근대가 되면 어떠한 시대라도 힘에 별로 우열이 없는 강국이 많이 대립하고 있고, 어떤 대호걸이라도 옛날의 아시리아, 페르시아, 로마 같은 당시의 모든 나라를 지배하는 제왕 중의 제왕으로서 세계에 임하는 것과 같은 일이 불가능하게 된다.

그러나 시대가 변하여 현대에 이르면 제3의 새로운 현상이 나타난다. 나는 이전에 해변에서 일어나 대국가를 만든 것은 없었다고 했는데, 지금은 오히려 그 반대여서 지구 표면에 큰 공간을 지배하고 크기와 강함에 있어서도 모두 세계적인 대국임을 자랑할 정도의 나라는 아무래도 대륙만으로는 부족하고 넓은 바다로 진출하여 충분히 그 힘을 떨칠 수 있는 정도가 되지 않으면 안 된다. 어찌 되었든 우리들이 살고 있는 지구는 흙의 덩어리라고 말할 수 있지만, 표면만으로 한다면 실은 물의 덩어리인 것으로 전면적의 72퍼센트는 바다이기에 5대륙이라고는 하지만 실은 섬과 같은 것이다. 따라서 현대의 대국이라면 지금까지의 역사에서는 본 적이 없는 큰 규모가 작지 않다. 영, 미, 소비에트, 프랑스 네 나라만으로 육지 전면적의 58퍼센트, 지상의 모든 자원의 85퍼센트를 독점하고 있다.

지금까지 이야기한 것을 단서로 하여 지금부터 일본제국의 해상 발전에 대해 총괄적인 관찰을 하려고 한다. 일본이 태평양상의 섬인 것은 지금은 삼척동자도 알고 있는 사실이지만, 원래는 대안의 아시아대륙과 남방의 섬들로부터 건너온 것으로 상상되는 일본의 조상은 자국의 주위를 둘러싼 대해가 그들을 서방의 대륙과 남방의 섬들과를 연결해 준다는 사실을 그동안 잊고 있었던 것이다. 수, 당, 송, 명과의 교통은 바다를 건너 행해졌지만, 나아가 해외의 천지로 향하여 적극적으로 활동을 시도하려는 모험사업은 생각하지 못했다. 무로마치막부 때에 천하가 혼란스럽게 되자 일본의 서해와 남해의 모험가들은 황해와 동중국해의 연안을 휩쓸었지만 이는 결국 해적 이상의 그 무엇도 아니었다. 만약 당시의 왜구가 국가적, 국민적인 계획에 응하여 이를 인도할 위대한 인물을 가졌다면, 일본민족에 의한 태평양의 서쪽, 또는 남쪽에 대한 팽창은 서구인들보다 앞서 행해졌을 것이다. 16, 17세기가 되어 포르투갈인, 에스파냐인, 네덜란드인 등이 건너 온 것에 자극되어 일본민족은 처음으로 분발하여 따뜻한 남방의 바다로 돌진하기 시작해 먼 남중국해의 연안까지 나아갔지만, 도쿠가와막부의 확고한 쇄국 정책 때문에 백 년이 못되어 허무하게 철수하지 않으면 안 되었다.

이리하여 일본민족은 두 가지의 경우에 해상민족으로서의 절호의 기회를 잃어버린 셈이다. 그 하나는 왜구 때문에 쓸데없이 사용한 정력을 큰 국민적 계획으로서 조직하는 것을 알지 못했던 것이고, 다른 하나는 소극적 정책을 취한 정부 탓을 빛나는 민족적 팽창의 앞길을 헛되이 놓친 일이다.

쇄국 정책은 17세기 초부터 215년간 계속되었다. 그사이에 신흥의 만주왕조의 힘으로 일본 해안을 향해 쇄도하는 러시아의 침략만은 겨우 막을 수 있었는데, 구라파의 백인이 중국과 일본의 해안선을 제외한 태평양의 모든 육지와 섬들을 점령해 버리는 것은 어찌할 수 없었다. 지구 면적의 전 수역의 반을 점하는 큰 태평양의 연안은 원래 유색인종의 것이었는데, 그 대부분이 백인의 손에 넘어가 버린 것이다. 대서양, 인도양 방면의 경략에 열심이었던 구라파 인이 태평양으로 쇄도하게 된 것은 19세기에 들어서부터이다. 그것도 당초는 일본인의 국방상의 주의를 촉구한 것은 러시아인이었기 때문에 일본 지사의 대외론은 오로지 북방에 대해서만 집중되었다. 그들의 관심이 남방으로 향하게 된 것은 영국인이 아편전쟁에서 중국의 문호를 열어젖히고 나서이다. 그리고 그로부터 10년 정도 지나 미국의 페리 제독으로 인해 일본도 드디어 개국하게 된 것이다.

1854년의 가나가와조약(神奈川條約, 미일화친조약)에 의해 일본이 개국하고 나서 금년(1940)에 이르기까지 86년째이다. 이는 불과 한 세기도 지나지 않은 기간이었지만, 그 사이에 있어 일본의 두드러진 변화와 전개는 아마도 세계역사의 어디에도 유례를 찾기 어려운 일이다. 지금 이 86년은 일본민족의 남방발전의 사실을 중심으로 생각한다면 이상하게도 20여 년을 하나의 단위로 그때마다 큰 진전을 보게 된 것을 알게 된다.

첫 번째 20년은 개국으로부터 1874년의 타이완정벌까지로 이때 일본은 시대착오적인 양이쇄국론을 버리고 180도 방향 전환하여 개국진취의 국시를 채택하는 것으로 되었다. 2백여 년의 쇄국생활을 강제되어 왔음에도 불구하고 크게 바다의 밖으로 비약하려고 하는 팽창적인 공명심이 우리들의 마음에서 사라지지 않고 그것이 드디어 타이완정벌로 나타난 것이었다. 그리고 제2의 20년에 일어난 것이 청일전쟁이고 타이완은 드디어 일본에 할양되기에 이르렀다.

개국으로부터 40년째의 청일전쟁은 일본의 민족사상 일대기원을 규정하는 일이었다. 일본은 열국으로부터 겨우 독립국으로서 대우를 받게 되었는데, 그러나 정말로 남방의 해상에 비약하는

데에는 이제부터 아직 20년간의 준비기간이 필요하였던 것이다. 이 20년간 일본은 러시아를 격파하여 제1등국의 지위로 나아가고, 이에 더하여 1911년에는 불평등조약의 최후의 잔재인 협정세율을 파기하는 것에 성공한다. 이리하여 개국으로부터 정확히 60년째에 발발한 세계대전에 개입한 일본은 남양의 제도를 손에 넣고 정치경제상 본격적인 세계정책적인 활동으로 나아가 이로부터 25년인 작년, 1939년에는 남중국해로 진출하고 드디어 해남도를 점령하기에 이르렀다. 하지만 태평양 연안에 팽창하고 있던 일본민족이 영미 양 대국으로 인해 그 전도가 막힌 결과 그 활동을 서쪽으로 제한할 수밖에 없게 되었다. 다만, 대륙에서 보자면 원래 섬들에 대해서도 중국민족과의 제휴가 없으면 어느 정도의 성공은 불가능하다. 속담에 '멀리 있는 친척은 가까이 있는 이웃보다 못하다'는 말이 있다. 그런데 중국민족은 우리들에게 있어서는 결코 타인이 아니다. 유럽인 중에는 일본인을 비평하면서 일본인은 작은 일은 잘하지만 큰일은 못한다고 한다. 이번에야말로 일본과 중국 양 민족이 멋지게 제휴하여 유럽인의 조소를 일소해 버리고 싶다고 생각한다. (1940년 4월 18일)

제5장

남방발전사

1

    지금부터의 이야기는 과연 『남방발전사』라고 하는 제목에 맞는 것일지 의문이다. 단 그러나 주어진 과제에 하나의 답안은 될 수 있을 것이다. 모든 동물은 움직이는 것이 본성이기에 몸이 가늘고 긴 것은 물론, 둥그런 것이라도 움직일 때에는 앞뒤가 구별되어 앞에 있는 부분에 대개 운동을 결정하는 여러 기관이 있다. 그런데 조화에는 드문 사례도 있는 것이어서 때로는 모순되는 사실이 있을지도 모른다. 몽골인 중에는 머리 위에 눈을 가지고 있는 괴물이 자신의 자식을 찾아다닌다는 이야기가 전해져 온다. 눈이 머리의 앞에 붙어 있지 않기에 이 괴물은 손에 잡히는 것은 하나하나 머리 위에 올려 구별하지 않으면 안 된다. 그리고 울면서 소리치며 사막을 헤매고 다닌다는 것이다. 다음은 좌우의 관계인데, 일본에서는 기차도 전차도 왼쪽으로 다니고 있고, 교통규칙에서도 왼쪽으로 다니도록 하고 있다. 그런데 구미 여러 나라에서는 오른쪽으로 다니는 것이 보통이다. 일찍이 에스파냐를 여행했을 때 이 나라에서는 기차도 전차도 사람도 다니는데 정해진 규칙이 없이 마을마다 다른 것을 보고 주위에 물어본 적이 있었는데 이런 일은 전혀 예외이다. 실제 우리들은 오른손잡이이기에 정신이 팔려 급하게 걷다 보면 오른쪽으로 기울어져 있는 것을 피하기 어렵다.

그로부터 우리들의 운동과 동서남북의 방향과의 관계에 대해 이야기 한다. 방위는 본래 태양의 위치에 의해 정해진 것이다. 이는 빛과 열과의 본체에 대한 위치를 나타내는 것이기 때문에 인간의 생활상 운동에 커다란 관계를 가지고 있다. 세계에는 태양숭배의 민족이 많이 있다. 학자 중에는 동방으로 이동한 민족의 운동을 설명하여 이는 빛의 본체에 대한 끝없는 동경으로부터 동쪽으로 향해 갔던 것이라고 한다. 그런데 민족의 움직임이라고 할 수 있는 것은 실제 그렇게 간단한 것은 아니다. 서쪽으로도 가고 남쪽으로도 가고 또 북쪽으로도 가는 것이다. 19세기의 미국 국민의 이동 방향은 서쪽으로의 한 방향이었다. 그로부터 우리들의 기생충 중의 하나인 머리 이는 보통 북쪽에만 있다고 말해지는데, 이는 보통, 사람들의 집이 남쪽을 보고 있기에 일어난 현상으로 머리 이 그 자체에 자석 같은 성질이 있는 것은 아니다. 원래 기생충으로 어두운 곳에만 살고 있는 곤충이기에 밝은 장소에 나오면 자연적으로 어두운 방향으로 기어들어가는 것이다. 따라서 북향의 집이라면 오히려 반대로 조금이라도 어두운 남쪽으로 기어가는 것이다. 철새가 건너는 것도 역시 따뜻한 곳으로 간다. 따뜻한 곳은 많게는 먹을 것이 풍부하다. 사람도 움직이려고 하면 따뜻하고 물산이 풍부한 곳으로 향하고 이들 조건이 맞는 곳이라면 그것은 동서남북을 묻지 않는다. 인류는 북반구에서 번식했지만 보다 따뜻한 남방으로 발전한다고 하는 일반적인 경향을 가지고 있다. 그러나 남반구에서는 사정은 크게 다르다. 여기서는 북반구와는 정반대이고 북방이 따뜻하고 남쪽으로 이동하는 것에 따라 차갑게 느끼는 것이다. 여기는 세계 역사의 눈으로 보면 아직 이른바 처녀지이고 북반구와 같은 역사의 전개를 보이지 않지만 발전방향은 대개 북방을 가리키는 것은 사실이다. 세계대전 후 영국의 자치령이었던 남아프리카 연합은 독일 영토인 서남아프리카의 위임통치에 의하여 북쪽으로 확장되었다. 비스마르크 열도, 뉴기니와 그 외의 독일영토를 점령했던 호주와 사모아군도를 손에 넣은 뉴질랜드도 같다. 남미 각국의 정세는 지금은 평화스럽지만 만약 아르헨티나가 국제정국에서 활동하는 때가 온다면 북향하는 것이라고 하는 것은 의심할 바가 없다.

그러나 북반구에서 몽테스키외가 말한 것처럼 북방은 대체적으로 활동의 장소, 용기와 자유가 태어나는 곳이라고 해도 큰 문제가 없다. 지금 이를 현대의 큰 나라에 대해서 보자면 모두 북방에서 일어나 남방으로 발전한 것들이다. 나라의 부와 힘이 뛰어난 미국은 북방의 뉴잉글랜드를 중심으로 하여 남방과 서방으로 확장한 것이다. 이제부터 유럽으로 눈을 돌리면 주된 나라의 수도 위치가 앞서 말한 것처럼 북쪽으로 치우쳐 있다. 이는 봉건제도 시대에 북방의 일국을 중심으로 하여 주위의 나라들을 통일했기 때문이다. 우선 프랑스에 대해서 보자면 북방에 위치하고 있는 파리는 꽤 예부터 중요한 위치를 차지하고 있고 이것이 나중에 프랑스 통일의 중심으로 되었다. 이탈리아 왕국의 수도는 지금은 중부 이탈리아의 로마가 되었지만 실은 이 나라의 통일은 북방의 사르데냐 왕국의 무력에 의해 이루어진 것이다. 독일의 통일도 거의 이와 동일한 사정에 의한다. 베를린을 수도로 한 브란덴부르크가 참담한 고심 끝에 프로시아왕국을 손에 넣고 나아가 신성로마황제에게 충성을 다한 결과 프로시아를 왕국으로 승격하게 되고 이리하여 독일 연방 유일의 강국이 되었다. 그리하여 지금부터 80년 전에 오스트리아와 프랑스를 격파하여 드디어 독일 통일을 완성할 수 있었다. 러시아는 북방의 대 러시아인에 의해 통일되었던 것이기 때문에 대 러시아의 수도인 모스크바가 오랫동안 정치상의 중심이었다. 나아가 그 이웃 중국도 황하의 중류에 출현한 한족이 동방과 북방으로 퍼져 가고 특히 자원이 가장 풍부하여 토지가 가장 비옥한 양쯔강과 그 이남의 지방에 진출하는 것에 의해 비로소 지금의 큰 나라를 이루었다.

그런데 북반구 나라 중에는 지금까지 서술한 남방 발전의 원칙과 위배되는 발전 형태를 이룬, 적어도 두 개의 큰 나라가 있다. 그것은 둘 다 유라시아 대륙에 있고, 하나는 대륙 서북의 끝이며 다른 하나는 동쪽 끝에 있는 영국과 일본이다. 두 나라의 지형과 그 대륙에 대한 위치에 대해 보자면, 영국은 유럽대륙을 등지고 넓은 대서양을 바라보고 있고, 또 일본은 태평양을 뒤로하고 양손으로 동해를 안고 건너편의 만주와 한반도를 쳐다보고 있는 것과 같다. 그리고 양국 모두 남방 발전이 아니고 북방으로 발전하는 것에 의해 나라를 만들어왔던 것이라고 하는 것은 대단히 흥미 있는 현상이라고 하지 않으면 안 된다. 일본과 영국 양국은 지리적으로 많이 닮아 있는 동시에 역사적 운명에서도 흡사한 존재로 여겨지기에 양국의 발전을 대조해 보는 것은 의미 있는 일이다.

현재의 영국인의 선조인 앵글로색슨인이 북독일 연안의 거처를 버리고 영국으로 건너가 그 중원을 점령한 것은 지금부터 1,500년이나 전의 일이다. 거기서 이 섬의 선주민인 켈트인은 서북 또는 북방의 산지로 쫓겨나고 그들의 일부는 바다를 건너 아일랜드로 도망가 새로운 장소를 구하지 않으면 안 되었던 것인데, 영국인은 새롭게 국토의 정치상의 통일을 이루자 켈트인을 더욱 추격하여 웨일스를 정복하고 또 아일랜드를 정벌하여 영국에 복속하게 했다. 북방의 산의 나라인 스코틀랜드 왕국과도 오랫동안 싸움을 계속해 왔는데, 스코틀랜드는 상당히 완고하여 독립을 계속했다. 여기에는 영국 왕과 완전히 대등한 왕이 있고 독자의 헌법이 있으며 국회와 육군이 있고, 정부는 유럽 대륙의 나라들 그 중에서도 프랑스와 통하여 외교책으로서 잉글랜드와 싸웠기 때문에 영국도 적지 않게 애를 먹었다. 이 스코틀랜드 왕국이 잉글랜드 왕국과 병합하고 의회를 하나로 하는 현재의 체제가 된 것은 세키가하라 전투(關ヶ原の戰い) 이후 3년에 해당하는 1603년이며, 당시의 영국 왕의 혈통이 끊어진 결과 여성계에 해당하는 스코틀랜드 국왕이 영국 왕의 자리를 잇게 되었다. 이로부터 100년 남짓 후에는 양국이 병합하여 대브리튼 왕국이 된다. 지금의 스코틀랜드에서는 북쪽 끝의 산중에 가지 않으면 켈트어를 말하는 사람은 없다. 영어는 국어가 되어 있다. 스코틀랜드 시인 반즈[1]도, 위대한 위인 카라일[2]도 모두 영어로 그 사상을 표현한 영문학자이다. 스

코틀랜드의 상식학파를 제창한 토마스 리드[3]도 근세 경제학의 태
도인 애덤 스미스와 전기학의 태두인 윌리엄 켈빈[4]경도 그 강좌를
담당하고 있던 스코틀랜드 대학에서는 영어로 강의하고 있던 것
은 잉글랜드의 학자와 같았다. 그러나 오늘날 스코틀랜드에는 독
립시대를 그리워하는 흔적이 아직 남아있다. 스코틀랜드의 기독
교는 잉글랜드 기독교와는 완전히 다르다. 현재의 스코틀랜드인
은 어디까지나 스코틀랜드인이라는 것을 자랑스럽게 여기고, 영
국인이라고 불러지는 것을 좋아하지 않는 훌륭한 민족의식을 가
지고 있다.

내가 국내 통일 측면에서 영국을 북방 발전의 특이한 예로 들고
있는 한편 영국은 외국에서 훨씬 대담한 남방 발전책을 실행했다.
지금보다 8, 9백 년 전 우리 헤이안조의 말기에 영국의 왕위 상속
전쟁이 일어나고 이때 잉글랜드의 건너편에 있는 프랑스 노르망
디의 관리가 영국으로 건너와 정복하고 드디어 왕으로 되었다.
당시는 봉건시대였기 때문에 이 노르망디공은 영국 왕으로써는
프랑스 왕과 대등한 왕이었지만 노르망디공으로서는 프랑스의 신
하에 지나지 않았다.

그래서 그는 봉건의 신분을 이용하여 인혼과 상속의 관계로 프
랑스 내에서의 스스로의 영토를 기회가 있을 때마다 증가시키고

1   Robert Burns 1759~96년 스코틀랜드의 국민적 시인.
2   Thomas Carlyle, 1795~1881년 영국의 역사가이자 평론가.
3   Thomas Reid, 1704~96년 스코틀랜드의 철학자, 상식학파의 창시자.
4   1824~1907년 생존한 영국의 물리학자로 작위에 유래하여 경으로 불림.

기회만 있으면 프랑스 왕을 배척하려고 했기 때문에 프랑스 왕은 대항하지 않으면 안 되게 된다. 양국 간에는 오랫동안 전란이 있었고 400년에 이르는 영국의 집요한 대륙정책 때문에 프랑스는 굉장히 고통을 받고 최후에 이른바 100년 전쟁(1337~1453년)으로 영국군의 공격은 맹렬하여 프랑스는 드디어 멸망에 이르게 된다.

다행히 잔 다르크(1412~31년)라고 하는 한 소녀가 하늘의 사명을 받았다고 하여 프랑스군을 이끌고 싸운 덕택에 프랑스는 겨우 회생할 수 있어 이로부터 영국군은 점차 약해지고 프랑스는 점차 그 잃어버린 땅을 회복하게 되었다. 그래도 영국은 1558년까지 200년 남짓은 아직 도버해협의 건너편인 프랑스의 항구 칼레를 점령하고 있었다. 대륙에서의 최후의 근거지인 칼레까지 빼앗기자 영국은 대륙정책을 단념하지 않으면 안 되었지만, 그러나 이것으로 주저앉아버리지는 않았다. 이로부터 방향을 바꾸어 때마침 열린 신세계, 인도 방면으로 향하여 다음 400년 사이에 5대양으로 약진하여 큰 대영제국을 만들게 되었다. 따라서 영국의 경우, 해상을 목표로 한 남방발전의 대단한 성공을 위해서는 대륙에서의 실패도 결코 헛된 것이 아니었다.

그래서 이번은 일본이다. 일본도 남방을 기점으로 하여 출발한 세력에 의하여 통일되었다고 하는 점에서는 영국과는 완전히 같다. 일본의 선주민 중에는 남쪽에서 들어온 것도 북쪽에서 온 것도 있었지만 둘 다 용감한 일본민족에 의해 정복되었다. 그러나 영국인의 스코틀랜드 병합과 일본민족의 오우(奧羽)평정과의 사이에는 많은 차이가 있다.

2

중국에는 '남선북마' 즉 남쪽에 배 북쪽에 말이라고 하는 말이 있다. 이 나라의 남방에는 강이 종횡하고 있기에 배가 교통의 중요한 도구이며, 이러한 편리성이 없는 북방에서는 그것에 대신하는 것은 말이었다. 그런데 탈것이라고 하는 점에서는 일본은 오히려 서쪽의 배, 동쪽의 말이라고 할 수 있다. 서쪽부터 동으로 혹은 서남에서 동북으로 누워있는 일본의 서쪽의 반이 간몬해협(關門海峽, 야마구치현의 시모노세키시와 규슈의 후쿠오카현 기타큐슈시 사이)으로부터 일직선으로 동쪽으로 향하는 긴 내해를 통하고 있기 때문이다. 이는 조물주가 일본의 동서를 맺고 남북을 연결하기 위해서 마련해준 천연의 물길이다. 휴가(日向)를 출발한 신무(神武)천황의 일행은 이 물길을 따라 야마토(大和)평야로 침입했다. 숭신(崇神)천황 때에 기비츠히코(吉備津彦命)[5]가 서해로 파견되었던 그때의 통로도 이것이다. 경행(景行)천황, 중애(仲哀)천황의 구마소(熊襲)[6] 정벌도 또한 신공(神功)황후의 삼한(三韓)정벌도 모두 이 내해에 의한 것이다. 삼한과 수, 당과의 평화의 교통도 이것에 의한 것은 물론이고, 해적도 이 속에 소굴을 만들어 활동하면서 백성을 곤란하게 했다. 따라서 '후지와라 스미토모(藤原純友, 893?~941년)

....

5 고사기와 일본서기에 나오는 고대일본의 황족으로 제7대 천황(孝靈天皇)의 황자.
6 규슈 남부의 옛 지명으로 현 미야자키(宮崎)현과 가고시마(鹿児島)현에 거친 산악지대.

의 난'과 같은 큰 일이 일어나면 정부는 수군을 일으켜 토벌하지 않으면 안 되기 때문에 세토내해의 수운은 항상 발달하고 있었다.

그런데 한번 긴키(近畿) 지방으로부터 동방으로 향하게 되면 높은 산이 많이 나타나는 지세로 인해 교통의 곤란은 상당히 커진다. 그것은 아무래도 신대(神代) 때부터 이미 일본에 있었던 말 외에는 다른 교통수단이 없었다. 일본의 선주민으로 야마토 조정에 대하여 툭하면 반란을 일으킨 동국의 에미시를 정벌하기 위해 원정을 떠난 군대는 여러 번 출동했지만 모두 말의 힘을 빌리고 있다. 야마토 타케루(日本武尊)의 구마소 정벌에는 수로에도 의지했지만 주로 육로를 취하였다. 이리하여 헤이안조에 이르러 사카노우에 다무라마로의 정벌에 의해 우리 군대는 시와성을 쌓고 오늘날의 이와테현의 중부까지 진출하는 것이 가능해졌다. 에미시 만이 아니다. 동국(東國)이 열리게 되자 무지한 민중을 회유하여 여기를 본거로 삼아 조정의 명령을 따르게 하는 것도 가능해졌다. 다이라노 마사카도(平將門, ?~940년) 같은 자가 반란을 일으키자 토벌대를 보내지 않으면 안 되었다. 이어 '전 9년의 역' 이후 '후 3년의 역'이 일어난다. 이렇게 간토(關東)와 오우에서 에미시 및 그 외의 강한 적을 상대로 싸우지 않으면 안 되었기에 평(平)씨와 원(源)씨는 힘을 기를 수가 있어 무문이 발흥하는 기회가 되었다. 동국의 무사가 아즈마에비스(東夷)의 용명을 얻은 것은 원래 그들의 무용에 의한 것이겠지만, 이는 동국의 넓은 대지에 방목되고 좋은 풀로 길러진 뛰어난 말에 힘입은 것이다. 이리하여 미나모토노 요리토모(源賴朝, 1147~99년)는 이른바 병마의 권한을 쥐고 가마쿠라에 막부를 열어 중앙정부의 통제를 엄하게 하여 어떠한 종류의 지방 권력의 존속도 허락하지 않았다. 영국 내에서의 스코틀랜드 같은 일종의 지방분화주의는 일본에서는 인정되지 않고, 에미시의 후예인 후지와라노 야스히라(藤原泰衡)도 결국에는 요리토모에게 멸망한다. 일본의 이 민족주의와 중앙집권주의는 당시의 집권자가 어떻게 변해도 그 후 일관하여 작동했기에 구노헤 마사자네(九戸政實)가 후쿠오카성에 거하여 반란을 일으키자 히데요시는 지체하지 않고 유력한 군대를 모아 평정했고, 또한 메이지 유신 당시 오우의 많은 번이 구 막부를 지지하는 태도를 취했던 때에도 그들은 어디까지나 신정부에 대한 연맹의 복종을 요구받았다. 이러한 점에서 일본의 완전한 중앙집권주의는 영국의 지방주의, 분화주의와는 상당히 크게 대조를 이룬다. 이로부터 양국의 대발전의 역사를 비교해 보면, 영국은 남방 유럽대륙을 침입하고 프랑스를 병탄하려고 계획하였으나 뜻을 이룰 수가 없게 되자 마침내 대륙 침략을 단념하고 해상 세계로 진출했던 것이다. 이에 비해 일본이 남방, 넓고 넓은 대양으로 진출하였던 것은 영국의 해양 진출보다 400년이나 나중의 일이었다.

그로부터 일전하여 동쪽 대륙 즉 아시아, 유럽, 아프리카의 대륙의 정세를 살펴보자면, 서쪽은 배 동쪽은 말이라고 하는 일본의 지형과 크게 닮아있는 것을 발견한다. 지금 유라시아 대륙을 서쪽은 북위 40도부터 출발하여 동쪽은 50도까지 비스듬하게 보자면, 지브롤터해협을 우리 간몬해협에 비유하고 동쪽으로 나아가 보면 흑해의 동안에 닿는다. 지중해는 분고(豊後) 수도와 기탄

해협(紀淡海峽)⁷ 같은 출구를 갖지 않은 완전히 보자기 같은 바다
이지만, 그 형태에 있어서 우리의 세토내해와 비교가 가능하다.
그런데 이로부터 동쪽 흑해의 동안으로부터 동해의 북단까지의
사이에는 대산맥과 대호수, 대사막 같은 교통상의 커다란 방해물
이 계속해서 나타난다. 아시아 대륙은 북쪽의 유라시아, 즉 시베
리아와 남쪽의 오모테 아시아와의 두 개로 나누는 것은 우리 혼
슈의 가늘고 긴 섬이다. 이 섬의 북쪽은 무쓰만이 있고, 등뼈처럼
서남으로 달리며 얽혀있는 산의 형태가 우라 일본이라고 불리는
동해와 태평양의 오모테 일본으로 나뉘는 것과도 비교될 수 있을
것이다. 유라시아의 중앙을 관통하는 장애물도 실로 복잡하며 그
고도도 다양하다. 카스피해와 투루판의 저지에서는 바다 면보다
밑으로 300척인데, 천산과 파미르고원은 1만 척에서 2만 척의 높
이로 되어있다. 이 지대는 대개 건조하고 비가 적어 강이 있어도
모두 사막 속에 묻혀있다. 토지만 엄청나게 높고 인간이 사는 것
이 가능한 곳은 일부에 지나지 않는다. 낙타와 말로 유목생활을
하는 것 외에 생활하기 어렵다. 이에 비해 동쪽 대륙의 서방은
해안의 굴절이 많고 수륙의 지형이 복잡하기 때문에 배가 가장
좋은 교통수단이고, 동쪽은 말에 의존해야 한다. 즉 여기서도 일
본과 똑같이 서쪽의 배, 동쪽의 말이다. 수상의 배, 육상의 수레
와 말, 이렇게 편리한 것은 누가 처음 발명한 것일까. 역사서에

7 기슈(紀州, 와카야마현)와 아와지섬(淡路島, 효고현) 사이의 바다.

남아있지 않은 것이 유감이다. 처음으로 배를 만든 사람, 처음으로 야생마를 길들여 사육한 사람은 지금부터 1만 년이나 앞의 일이라고 하는 것이지만, 이들은 기차와 기선을 발명해 준 스티븐슨(George Stephenson)[8]이나 풀턴(Robert Fulton)[9]보다 결코 뒤처지지 않는 우리들의 은인이라 하겠다.

　이러한 중요한 발명은 많게는 아시아에서 행해졌다. 유럽인 중에는 빛은 동방으로라고 하는 말이 있다고 하는데, 여기서 말한 것과 같은 의미일 것이다. 말도 이 중앙 대 장애물에서 크고 가축으로써 점차 커져갔다고 생각한다. 이것이 바빌로니아에 들어간 것은 지금부터 4,000년 전이고, 이로부터 400년 정도 늦게 이집트에 들어갔다. 이리하여 나중에 아라비아로 들어갔다고 볼 수 있다. 말은 유순하고 충실한 동물이며 주인에게는 고기와 우유를 공급해주고 신속하고 파괴력이 있어 전투에서는 가장 두려운 무기 중 하나이다. 철포가 발명되기 전까지는 아마 말만큼 뛰어난 것은 없었을 것이다. 능숙하게 말을 키우고 이것을 탈 수 있는 존재는 적을 막는 데에도, 또한 공격하는 데에도 가장 유리하였고 말을 갖지 않은 군대는 용이하게 격파되었다. 14세기 즉 우리나라의 남북조 시대 때, 긴 창을 가진 스위스의 보병대가 기병을 격파하기까지는 기병과 싸우는 일은 유럽에는 존재하지 않았다.

....

8　영국의 증기기관차 발명가.
9　미국의 기술자. 1807년에 외륜기선 클러먼트호를 진수시켜, 허드슨강의 뉴욕~올버니 간을 정기항행 시켰는데, 최초 기선 발명자는 아니었지만, 세계 최초의 기선에 의한 정기항로를 개설하여 상업적으로 성공한 선구자이다.

중앙 대 장애물 근방에 있는 유목민은 이 의미에서 정말로 뛰어난 기병대였다. 말 위에서 태어나 길러지고 죽는다고 하는 그들 생활은 환경상 곤란 결핍한 곳에서 살아가는 용맹무쌍한 성격을 만들어 내고 그들이 집단을 이루어 돌격하고 말 위에서 활을 쏘아 빛처럼 적을 공격하면 대항할 수가 없었을 것이다. 따라서 그들이 큰 꿈을 품은 유능한 대장을 가졌다면 시대를 전율시키는 위협이 되고 그 파괴력은 문명세계를 놀라게 했을 것이다. 인간은 원래 안정을 추구하는 본능을 가지고 있어 유랑 생활은 인간의 성정에 맞지 않다. 아오가시마의 분화로 주민은 일시 하치조시마로 피신했지만, 분화가 가라앉자 그들은 또 언제 분화할지 모르는 고향으로 돌아갔다. 얼음 속에 결핍된 생활을 하고 있는 에스키모를 불쌍하다고 생각하여 따뜻한 곳에 그들을 옮기더라도 그들은 결코 고향을 잊지 않는다. 다시 차가운 고향으로 돌아가는 것이다.

이러한 인간이 그리운 고향을 버리고서도 이동하지 않으면 안 되는 지경에 빠지는 것은 식량의 결핍이다. 중앙 대장벽의 근처는 때로 엄청난 건조기가 와서 유목민들은 대거 이동하지 않으면 안 된다. 이동집단이 바라는 것은 남방 즉 오모테 아시아의 따뜻하고 풍요로운 중국제국이다. 중국은 만리의 장성을 쌓아 그들이 바라는 미인과 그 외의 진귀한 물건을 보내어 막으려고 하지만 중국의 수비가 약하게 되면 사정없이 침입하고 있다. 만약 잘 격퇴하면 패전한 집단은 서쪽으로 이동하여 인도의 보물창고도 그들의 바라는 바이지만 여기에는 그 북쪽에 서장의 고원과 히말라야 파미르의 천혜의 요새가 있어 이를 뚫고 침입하는 것은 용이하지 않다. 이에 반하여 서방의 이른바 서역에는 가는 곳마다 오아시스가 있어 바닷속의 섬처럼 발판 역할을 해주기 때문에 모두 서쪽을 보고 이동하는 것이다. 이때 집단의 목표로 된 것은 동방의 중국제국과 상대하여 지중해에서 번성하고 있는 로마제국이었다. 이 제국도 아시아에서 도래한 최초의 유목민족이 유럽에 들어간 무렵에는 동지중해안의 동로마제국과 서지중해안의 서로마제국과의 두 개로 분열되어 있었다.

이리하여 유럽을 유린한 아시아 유목민 집단은 그 수를 알 수 없지만, 그중에 중세기 1천 년간의 가장 큰 침략은 전후 네 차례에 걸치고 있다. 제1회는 5세기 아틸라 왕[10]에 인솔된 훈족이다. 이는 흑해의 북안으로부터 들어와 동로마제국을 노렸는데, 동로마는 뇌물을 받고 이를 매수했기 때문에 아틸라 왕은 서유럽으로 침입하여 무참히 황폐시키고 서로마제국의 멸망을 가져왔다. 훈족은 파괴 행위를 철저히 하고 사라졌는데 이로부터 200년 후 아라비아 사막에서 일어난 회교도는 유대교 및 기독교 다음가는 제3의 일신교를 세워 서부 아시아 및 북부 아프리카에 일대 제국을 세웠다. 아라비아의 기마대도 동로마 제국을 멸망시키려고 50년간 세 번이나 그 수도인 콘스탄티노플을 포위했지만, 해륙의 요새에 세워진 이 견고한 섬을 무너뜨리는 것은 불가능하고 끝내 발을 돌려 아프리카의 서북안으로부터 지브롤터해협을 건너 에스파냐로 건

----

10 ttila, 406경~453년 훈족의 왕.

너가 이를 점령하였다.

이 사이에 훈족과 같은 우랄알타이어계의 말을 쓰는 아바르인,[11] 불가리아인 또는 지금의 헝가리인 마자르인[12] 등의 집단도 계속하여 밀려 들어와 유럽에 침입했는데, 이들 집단 중에 최대의 전투력을 발휘한 제3회째의 대침입이 바로 몽골인에 의한 대제국의 건설이었다.

몽골인은 영웅 칭기즈칸이 일으키고 동방에 있는 중국의 전토를 정복하고 인도를 뺀 오모테 아시아의 거의 전부를 탈취한 이 두려워할 만한 군대는 신성로마제국의 서울인 빈 부근까지 밀려들었다. 몽골제국은 불과 100년이 지나지 않는 중에 분열하는데, 이에 대신하여 일어난 것이 오스만 튀르키예인으로 이 민족은 몽골인과 거의 같은 시대에 아시아로부터 서쪽으로 진출하여 온 두려운 흑사병과 함께 앞의 아라비아인처럼 지중해 연안에서 동로마제국으로 침입했다. 이 최후의 유목민족은 칭기즈칸의 자손인 티무르라고 하는 호걸로 인해 일시기 그 진로가 방해받았지만 티무르가 죽자 끝내 동로마제국을 멸망시키고 기세를 타고 발칸반도를 북상하여 150년간에 두 번이나 빈을 포위하였다. 그러나 이 포위 공격은 성공하지는 못했다.

이러한 아시아 민족의 침략에 대해 유럽은 언제나 수세를 선택한 것만은 아니었다. 고대에는 알렉산더 대왕의 인도 원정이 있었

----

11 Avars는 5세기부터 9세기에 걸쳐 중앙아시아, 동유럽에서 활동한 유목민족.
12 국가로서의 헝가리와 역사적으로 결합한 민족.

고, 로마의 무력은 카스피해 연안까지 미친 적도 있다. 중세의 십자군은 회교도로부터 기독교 발상의 땅인 성지를 되찾기 위해 200년간 몇 차례나 원정을 시도하기도 했다. 그러나 결국 회교도의 뛰어난 기병대를 이겨낼 수가 없었다. 역사가들은 유럽에서의 봉건제도의 발달이 적어도 회교도의 탁월한 기병전을 이용한 침략에 당해낼 수 없었다고 인정하고 있다.

3

아시아 최후의 유목민의 유럽 침입에 이어 유럽의 유목민인 러시아의 코사크도 아시아로 침략을 시작한다. 이보다 앞서 투르크 제국은 동지중해의 연안을 정복하고 흑해의 북안까지 미쳐 아시아에 압박을 가하게 되었는데 러시아는 이에 굴복하지 않고 마적과 같은 코사크의 기마대를 이끌고 우랄산맥을 넘어 시베리아를 정복시키고 있다. 코사크는 이로부터 자주 원주민을 정복하고 동으로 이동하여 50년 정도 지나 드디어 오호츠크의 해안에 다다른다. 그것은 마치 일본의 쇄국령이 발해진 때였다. 미국의 서방개척도 놀랄 만한 기세였는데 이는 철도라고 하는 문명의 이익의 도움을 받은 것이다. 그런데 코사크는 그렇지는 않았다. 우리 후쿠시마 소좌(福島安正, 1852~1919년)[13]도 철도는 말할 것도 없고 일절 여행상의 편의가 부족한 시베리아의 황야를 1892년 2월 11일의 기원절(건국기념일, 초대 신무[神武]천황이 즉위한 날이라고 하여

1872년에 제정) 당일에 베링해를 건너 정복하고, 다음 해 6월 12일 블라디보스토크에 달할 때까지 1년 4개월의 시간이 걸렸다. 소좌의 이 공적은 코사크의 시베리아 석권과 나란히 특필할 일이다. 코사크는 이로부터 오모테 아시아, 즉 중국에 이르는 길을 개척하고 헤이룽강의 수로를 차지했지만 때마침 만주에서 일어나 명을 대신하여 400여 주를 통일한 청나라로 인해 제압되고 완전히 남진의 길이 봉쇄됐다. 그래서 이러한 상태로 북쪽으로부터 나아가는 것이 불가능하게 되자 남쪽 해로에 의해 접근하는 외에는 달리 방법이 없었던 것이다.

　오모테 아시아에서 문화의 빛나는 발상지인 인도와 중국은 서로 경계를 접하면서도 천혜의 장벽 때문에 완전히 격리되어 있었다. 따라서 중세기에 불경을 구하러 중국의 법현(法顯), 현장(玄奘), 의정(義淨)과 같은 사람들이 인도에 들어간 경우도 있었지만, 당시의 여행은 해륙 모두 용이한 것이 아니었다. 더하여 유럽에서 오모테 아시아와 같은 옛 문명국에 들어가는 것이 곤란했던 것은 상상하기 어렵지 않다. 그러나 아라비아의 회교도가 남방에서, 몽골인이 북방에서 일어나자 바다와 육지에서 동서의 교통은 크게 자극받았다. 로마법황과 프랑스 왕 등의 서유럽의 유력 군주는 튀르키예(터키)인을 제압하는 방편으로 위세가 좋은 몽골과 정치적으로 결합하려고 계획하여 13세기에 계속 사절을 카라코룸의

----

13 정보장교 출신으로 10개 국어 이상에 통달하고 지리학자이자 언어학자.

몽골에게 보냈다. 육로를 통하여 온 이들 사절과 전후하여 마르코 폴로(1254~1324년)도 중국에 왔다. 동방의 실크의 나라에 대해 지금까지 구전과 전설로 알고 있던 것에 지나지 않았던 유럽인은 이들 사절의 견문을 통하여 비로소 이것이 중국이라고 하는 것을 확실하게 알게 되었다. 마르코 폴로의 동방견문록은 과장과 허황된 설이 적지 않게 있으면서도 그만큼 유럽인들의 동양에 대한 열정을 부추기는 것이었다.

현대에 존재하는 대국의 숫자를 들어 이것이 지리적으로 말하자면 대개 북방에서 일어난 세력에 의하여 통일된 것이라고 했으나 인류발전의 긴 역사에 대해 말할 때는 문화는 북회귀선부터 북위 40도까지의 유라시아 대륙의 온대권에서 발전한 것이라고 했다. 독일의 지리학자 리터[14]는 역사의 발전을 지리적으로 설명하고 '하천시대'에서 '내해시대'로 들어가고 내해시대로부터는 '대양시대'로 된다고 했는데 정말로 그가 말하는 바와 같고 앞에서 언급한 온대권내의 큰 하류 즉 나일강, 유프라테스강, 티그리스강, 갠지스강, 중국의 황하 같은 큰 강의 언저리에서 일어난 문화의 흐름이 강의 흐름과 동반하여 내해로 흐르고 그 연안에서 흘러나온 여러 가지 문화와 서로 융합하여 지금까지와는 다른 신문화를 발전하게 된다. 그래서 지금부터는 우리 지구표면에 그런 의미에서 신문화를 양성한 또는 키워낸 것에 적합한 내해 혹은 지중해

....

14 Carl Ritter, 1779~1859년 독일의 지리학자이며 교육가로 지리학의 방법론을 확립.

가 있는가를 조사해보자.

우선 남반구에서 시작하자면 본래 육지가 적은 남반구에는 지중해 같은 형태가 인정되는 곳은 호주 부근에 불과 두 군데에 지나지 않는다. 그 하나는 호주와 뉴질랜드와 호주 남부의 남동해상에 위치한 주 태즈메이니아(Tasmania, 오스트레일리아의 한 주)로 둘러싸인 곳인데 이것은 남북이 크게 열려있기에 이것을 내해라고 부르는 것은 무리이다. 그러나 이 근방은 장래에 어떤 종류의 신문화가 출현하는 것은 아닐까라고 생각한다. 이보다도 더욱 완전한 지중해는 북호주가 뉴기니와 동인도군도로 서로 만들어내는 아라후라해[15]이다. 누구인가는 호주 지중해라고 이름을 붙였다. 여기도 앞으로 확실하고 커다란 역사적 발전이 예상되는 곳이다.

신세계에도 하나의 지중해가 있다. 이것은 남북 양미대륙의 사이에 있는 카리브해이다. 여기는 신세계가 발견되자 에스파냐 인으로 인해 멸망한 마야와 나우아[16] 문화가 번영했던 곳인데 미국은 여기를 완전히 자기 통제 하에 두고 있다.

최후에 동대륙으로 이동하여 아시아 유럽 아프리카의 여러 대륙의 근방에 놓인 대소의 수많은 섬들 사이에 있는 여러 지중해에 대해 알아보자. 그 하나는 베링해협에서 지브롤터해협까지 전 해안선을 들어 다양한 형태를 하고 있는 지중해가 있다. 북으로부터

....

15 Arafura sea는 뉴기니섬의 남서안, 호주의 북안에 있는 바다.
16 나우아계 언어는 에스파냐인의 도착 이전부터 다언어사회의 멕시코 및 중앙아메리카 북서부에 형성된 언어.

차례차례 들어보자면 첫 번째로 베링해가 있다. 그로부터 오호츠
크해, 동해, 동중국해, 남중국해가 있다. 이상은 태평양상에 있는
것이다. 나아가 말라카해협을 넘어 인도양에 들어가면 벵갈 만이
있고 또 아라비아해가 있는데 둘 다 남방이 3분의 1 혹은 그 이상
도 비어있고 그 옆에 홍해 같은 완전한 보자기 모양의 바다가 아
니다. 그러나 이 세 개의 바닷속의 서쪽의 두 개 근방은 유럽 상고
사의 가장 큰 활동이 연출된 곳이고, 나아가 중고시대에는 이 근
방을 근거로 하여 회교도가 대활약했다. 벵갈만은 힌두교의 세계
이다. 불교도 여기서 일어났는데 힌두교 때문에 핍박받아 그 본류
는 동중국해의 중국과 일본으로 전파되었다. 동양에서 일어난 문
화의 정수는 유교도, 불교도 모두 이 동중국해에서 융합하고 집대
성되었다. 일본은 한반도의 삼한을 통하여 대륙의 문화를 수입했
지만, 수와 당의 시대가 되면 직접 사절을 파견하고 또한 유학생
도 보내고 있었다. 이리하여 흠명(欽明)천황 때부터 인명(仁明)천
황 때까지 이르는 204년 사이에 견당사의 파견과 견당사가 멀고
먼 동중국해를 가로질러 당에 갔던 것은 열두 차례에 미친다. 이
어 견당사는 폐지되었지만 중국와의 교통은 이후도 행해지고 있
고 몽골습래 때까지였다. 일본과 대륙과의 관계는 긴 역사를 통하
여 대개 평화로웠다. 일본이 우방인 백제가 신라에게 멸망하자
구원 병력을 한반도 서해안의 백촌강(백강)에 보내어 신라를 구원
하기 위해 온 당군과 싸운 적이 있는데, 우리 상대사에서 보면
국제 전쟁은 이 정도이다. 대륙방면에서 일본에 침입한 것은 '백
촌강싸움'으로부터 356년 후의 헤이안조 말기에 한반도의 북방에

서 현해탄에 밀려온 도이(刀伊, 1019년에 침입한 여진족)라고 하는 것이 있는데 이는 단순한 해적에 지나지 않았다. 그러나 그로부터 250년 후가 되면 원나라 황제 쿠빌라이가 대군을 일으켜 일본을 두 차례나 습격한다. 이 사건은 이로부터 지금까지의 660년간의 일본과 중국 사이에 일어난 네 개의 커다란 전쟁의 계기로 된 것으로 이것은 사변으로써는 슬퍼할 일이지만, 일본인은 이 불행으로부터 동중국해를 개척하게 된다. 네 개의 사건이라고 하는 것은 첫 번째 왜구이다. 두 번째로 히데요시의 조선침략이다. 세 번째로 청일전쟁이며, 마지막은 대륙에서 우리나라가 계속 싸우고 있는 큰 전쟁(아시아태평양전쟁)이다.

일본은 빛나는 광명을 극동의 천지에 뿌리게 되었다. 일본의 고대시대에 지금의 만주와 연해주에 일어난 발해는 성무(聖武)천황 때부터 제호(다이고[醍醐])천황까지의 183년간 일본에 34회나 교류를 하고 있고, 당과의 대립으로 인해 일본에 지원을 요구하기도 했는데 배후에 있었던 거란 때문에 끝내 멸망되었다. 이웃나라의 멸망을 눈앞에 하면서 비록 그것이 필요 없는 일이라고 하지만 백제의 경우와 같이 구원을 하지 않은 것은 실로 안타까운 일이다. 현재, 만주국과 영구한 동맹을 맺고 있는 일본으로서는 만주국의 성패는 일본에 있어 결코 강 건너 불구경이 아닌 것은 말할 것도 없다. 지금까지 동해와 동중국해는 두 개의 것으로 취급했다. 전자는 쓰루가부터 청진까지 460리, 후자는 나가사키부터 상해까지 470리로 대륙으로부터의 거리는 대체적으로 동일하고 그 면적도 두 바다 사이에는 그렇게 멀지 않기 때문에 이들은 연결된

구슬로 볼 수 있다. 하지만 918사건[17]을 단서로 하여 정확히 10년 전부터 대륙에 전개하고 있는 사변의 정확한 성질을 생각해볼 때, 이들 두 개의 바다는 한반도에 의하여 나누어진 개별의 바다가 아니다. 이탈리아반도에 의해 동서로 나누어진 유럽의 지중해처럼 하나의 지중해로써 취급하는 일이 필요하다고 믿고 있다. 유럽의 지중해를 극동 지중해라고 부를 수 있다고 생각한다. 그렇다면 극동에서의 이 지중해 질서가 확립되어 보다 팽창의 기운이 더해진다면, 이 새로운 공영권은 북으로는 오호츠크해와 베링해, 또한 남으로는 남중국해로부터 아라푸라해까지 그 평화적인 전진을 이룰 수가 있다고 믿고 있다.

최후는 유럽에 대해서이다. 이 대륙은 해안이 복잡하고 지형의 변화도 풍부하기에 남북 양쪽에 각각의 큰 지중해를 두고 있다. 이들 바다는 유라시아의 중앙대장벽에 있는 유목민 최후의 집단이 유럽에서 횡포를 부린 때로부터 놀랄만한 문화적인 활동을 시작했다. 통상 지중해라고 하면 아시아, 아프리카, 유럽의 세 대륙에 끼어 있는 주머니 모양의 바다를 떠올리지만, 영국을 서쪽에 두고 덴마크의 반도가 가운데 솟아 있는 북해와 발틱해 즉 독일인이 말하는 동해도 각각의 관계에서 하나의 바다로 취급해야 한다고 생각한다. 그래서 남방의 지중해를 남지중해라고 칭하는데 비해, 이를 이른바 북지중해라고 부르자. 남지중해는 그 해안에서

....

17 1931년 9월 18일에 일본 관동군이 군사를 일으켜 만주를 침략·점령한 사건을 만주 사변이라 부른다.

일어난 모든 문화를 모은 곳으로 가장 복잡한 역사를 전개하는데
비해, 북지중해 쪽은 아랍적인 곳도 있지만 대체적으로 그 문화의
성질은 게르만족과 가깝다. 여기는 게르만 민족의 주된 활동 무대
였고 중고시대에는 노르만인이라고 말해지는 게르만의 어느 일파
의 해적 무리가 덴마크와 스칸디나비아반도에서 출발하여 말 그
대로 해상을 유린했다. 그들은 왜구처럼 물자를 빼앗고 사람을
죽였으며 또한 남양에서의 말레 인종처럼 넓은 대양에 퍼져있었
다. 왜구는 어떤 조직도 어떤 이상도 갖지 않은 해적에 지나지
않았지만, 노르만은 훌륭한 지도자 아래 유럽의 여기저기에 찬란
한 여러 개의 나라를 세웠다. 노르망디반도를 점령하고 노르망디
공으로 된 그들의 일파는 끝내 영국 왕이 되어 근세 영국발전의
토대를 만들었다. 또한 그들의 일부는 러시아로 들어가 러시아인
을 복속시켜 러시아 제국을 만들기도 했다. 그중에는 멀리 남지중
해까지 진출하여 시칠리아섬을 약탈하고 남부 이탈리아를 병합하
여 여기에 하나의 커다란 나라를 세운다. 가장 모험적인 그들의
일파는 아이슬란드부터 그린란드에 이르러 끝내 캐나다의 동쪽
해안에 도달한 것도 있다. 이것은 실로 콜럼버스의 미국 발견에
앞서 500년 전의 일이었다. 불행히도 후원이 끊어져 개척자이며
발견자의 수고도 헛되이 잊혀 버린 것이다. 노르만인의 해상 발전
은 실로 위대한 것이지만, 그들의 전통이 크게 해상에 웅비한 것
은 아마도 북방지중해에 있었던 게르만이기도 한 영국인이었다.
그러나 영국인의 이러한 활약에 앞서 내해에서 외해로 나아가 실
로 엄청난 큰 대양을 항해할 수 있을 만큼의 기초적인 준비는 당

시 세계에서 문화의 첨단에 있던 남방의 지중해를 무대로 한 것이
었고, 실로 먼저 지중해에서 실행되어야 했다.

4

나는 앞에서 우리들의 생활에서 대양에서의 활동으로 진출하
기 전에 내해에서의 충분한 준비시대가 필요하다고 했다. 일본은
토지상의 관계로부터 이른바 서쪽의 배, 동쪽의 말이기 때문에
세토(瀬戸)내해라고 하는 이상적인 내해에서 항해술과 조선술을
발달시켜 해상 발전을 위한 충분한 준비를 할 수 있었다. 실제로
만요(萬葉, 7~8세기 말의 가집)시대의 우리나라 사람에게는 바다라
는 것은 적지 않은 홍미의 대상이 되었다는 것은 바다를 노래한
노래가 적지 않게 남겨진 것을 보아도 알 수 있다. 가키모토노
히토마로(柿本人麻呂, 660년경~720년경) 등이 노래한 바다는 아카
시(明石) 근방의 내해로 파도가 사나운 외해는 아니었을지도 몰라
도, 어찌 되었든 바다라고 하는 것에 대해 그들이 무관심하지 않
았던 것을 알 수 있다. 그런데 세상이 헤이안조로 움직이자 변하
기 시작한다. 천지천황 때에 일본에서 출발한 수군이 한반도의
서해안에서 패하고, 구원병이 패전하자 백제도 드디어 망하게 된
다. 이로써 일본이 완전히 한반도에서 손을 떼게 된다. 이와 함께
일본인의 바다에 대한 홍미는 점차 홍미가 적어졌다. 물론 당과
의 평화적인 교통이 완전히 두절한 것은 아니다. 견당사도 때때

로 파견되었지만 배를 만드는 기술과 항해하는 기술이 서툴렀기 때문에 동중국해를 항해하는 것은 거의 목숨을 거는 일이었고 별로 즐거워하며 그 사명을 받아들이는 사람은 없게 되었다. 일본에서 만든 배를 위험하다고 하여 오히려 신라의 배를 타고 싶어 할 정도였다. 이어 견당사도 중단되었기에 항해술을 닦는 것은 세토내해와 비교하여 상대가 되지 않는 동중국해를 일본의 선조들은 스스로 포기해버렸다. 송과 명과의 교통도 하지 않으면 안 되었지만, 홍법(弘法; 空海, 774~835년, 眞言宗)대사나 전교(傳敎; 最澄, 767~822년, 天台宗)대사 같이 일본에서 중국에 가는 학승은 유교와 불교 경전 그리고 직접 관련되는 예술과 같은 특정 분야에만 마음을 빼앗기어 당시의 중국에 이미 존재한 자석과 화약 같은 것을 이용하려는 생각은 전혀 없었다.

그런데 유럽인의 연구태도는 대개가 주도면밀하고 만사에 적극적이다. 회교도들은 상당히 일찍부터 남중국의 해안에 들러 장사를 하고 있었다. 아라비아인은 역사상 드물게 보는 여행을 좋아하는 민족이었다. 그들은 아프리카와 아시아의 사막 황야를 탐험한 것만이 아니다. 해안을 따라 먼 바다까지도 장사를 했다. 아라비안나이트에 신드바드의 진귀한 항해 이야기가 나오는데, 실제로 경험한 탐험가는 적지 않았다. 이븐바투타[18]는 그중에서도 훌륭한 여행가인데 아프리카 서북단에서 태어나 중국의 항저우까지

....

18 Abū' Abdullāh Muḥammad ibn Baṭṭūta(1304~77년) 중세 이슬람시대의 최대의 여행가로 이슬람의 법학자이기도 한다.

방문하고 여기서 그와 동향의 모로코에서 태어난 회교도를 만나 너무나 그리운 나머지 껴안고 우는 이야기가 있다. 그는 28년간 동안 무려 7만 5천 리를 걸었던 것이다. 이때는 우리의 남북조시 대 때이다.

이리하여 아시아 남방의 해상에서 활동한 아라비아 상인과 연락을 유지하며 동방의 진귀한 물건을 유럽에 수입하고 돈을 번 것에 충실하였던 것은 이탈리아 인이었다. 그들은 시리아의 항구와 알렉산드리아에 들러 여기서 회교도의 손에서 필요한 물품을 구입해서 유럽 각국에 수출했다. 동지중해의 해운은 군대와 물자의 수송을 필요로 한 십자군 원정에 의해 크게 성하게 되고, 이 때문에 이탈리아 항구에는 유럽 외의 지방에서 보이지 않는 부를 축적할 수 있게 되었다. 그렇지 않아도 이탈리아라고 하는 곳은 고대 로마라고 하는 고전이 꽃핀 전통과 빛나는 유적이 가득 찬 곳이다. 부유한 도시는 자신의 도시를 장식하기 위해 학문과 예술을 장려했기에 중고 후반기의 이탈리아 도시는 유럽에서는 가장 열린 장소였다. 당시의 이탈리아에는 고대 그리스와 똑같이 정치상의 통일이 아니라, 각 도시 모두 독립국가로 경쟁하고 있었기에 이들 도시 사이에 경쟁이 끊이지 않았다. 각 도시 그 자체에도 부호들끼리의 경쟁이 있어 복잡하기 그지없었다. 그 때문에 상업과 학문, 예술의 진보는 실로 엄청난 것이었다. 일본의 남북조 당시에 해당하는 14세기 중엽부터 200년간은 이리하여 이탈리아인의 경제적이고 지적 활동이 가장 왕성한 이른바 르네상스 시대였다. 화약과 자석도 회교도의 손을 거쳐 유럽에 수입되었다. 그러나 뭐라고 해도 정치상의 통일이 없었던 것은 르네상스 시대의 이탈리아의 약점이었음에 틀림없다. 이른바 양심의 해방을 구하는 종교개혁 운동이 독일에서 일어나 기독교회가 두 개로 분열했기에, 이번은 가톨릭교회에 대한 맹렬한 반동, 즉 자숙 운동이 일어나 경전의 연구와 비평은 억압되고 학문의 발전은 중단되는 결과가 되었다.

르네상스의 이탈리아는 유럽인으로 하여금 내해에서 대양으로 내보내는 데 충분한 준비를 해 준 것이다. 남지중해의 항해자는 북지중해의 노르만인에 의해 열린 대서양의 탐험을 하게 되고 충분히 그 결과를 얻을 수가 있게 되었다. 이 사명을 담당한 것은 정치상의 통일을 갖지 않은 이탈리아인이 아니라, 중앙 집권의 강한 국가를 이루고 있던 포르투갈과 에스파냐였다. 가장 먼저 탐험을 계획하고 있던 것은 포르투갈, 에스파냐, 영국 등이었지만, 실제로 항해를 행한 것은 처음에는 모두 이탈리아인이었다. 에스파냐 때문에 중미를 발견한 콜럼버스, 남미의 발견자인 아메리고 베스푸치,[19] 영국 왕을 위해 북미를 발견한 카봇 부자[20]는 모두 이탈리아의 항해자이다.

이처럼 신세계를 발견한 에스파냐인과 인도항로를 발견한 포르투갈인에 의해 인류의 역사상 대양시대의 막이 열리게 되었다.

....

19 대항해시대, 이탈리아피렌체의 모험가. 아메리카 대륙을 처음으로 신대륙이라고 인식하여 그 사실을 널리 알렸다.

20 부자 모두 항해자로 아버지 John Cabot(1425,50경~99경), 아들 Sebastiano Caboto(1476경~1557경).

에스파냐와 포르투갈 양국은 우선 대서양 상에 하나의 경계를 긋고 그로부터 동쪽에서 발견된 것은 포르투갈의 것이 되고, 서방의 신영토는 모두 에스파냐령이라고 약속하고, 그 뒤에 진출하는 다른 나라들은 모두 좌절하여 나머지를 취하는 것밖에 할 수 없었다.

인도를 발견한 포르투갈인은 16세기 초에는 일찍 남중국해에 상륙하여 광동부근의 마카오에 근거를 마련하고 그로부터 일본의 다네가시마에 도착한 것은 1543년이었다. 이는 유럽에서는 코페르니쿠스의 지동설이 처음으로 발표된 때이고 또한 그가 죽은 해였다. 대지가 둥그렇다고 하는 것은 그 전부터 지식인 사이에서는 알려져 있고 또 이때부터 20년 전의 포르투갈의 대항해자 마젤란에 의해 이미 실증이 끝났지만 이것이 책으로 되어 공개된 것은 이 때였다. 이러한 역사적인 해에 철포라고 하는 두려운 무기를 휴대하고 갑자기 일본의 남방의 바다에 나타난 포르투갈인은 일본에게 큰 충격을 주었다. 이어 그중에 멕시코에서 온 것으로 필리핀군도를 점령한 에스파냐인도 도래하여 무역을 요구한다. 포르투갈인과 에스파냐인 모두 가톨릭교의 열렬한 신자였고, 신교회가 독립하고 있었기에 가톨릭교회가 유럽에서 잃어버린 세력을 해외의 식민지에서 구하는 것에 의해 보충하려고 하였다. 일본에 온 가톨릭의 신부 중에는 정말로 일본인에게 신의 복음을 전달하려고 하는 사람도 있었지만, 그중에는 목적을 위해 어떤 수단도 가리지 않는 자도 있다. 특히 상인 중에는 해적과 같은 정신으로 약탈만 생각하고 있는 자도 적지 않았다. 멕시코와 페루에서 약한 원주민을 학살하고 강탈하고 횡령하며 악랄했던 코르테스[21]와 피사로(Francisco Pizarro, 1470~1541년)[22] 같은 정신의 소유자였다. 그래서 포르투갈인은 나가사키를 조차하여 기회가 되면 이를 제2의 마카오로 삼아 자기 것으로 하려고 하였다. 이것은 히데요시의 명령에 의해 좌절되고 성공하지 못했는데, 정말이지 일본의 행운이라고 할 수 있다.

유럽의 백인이 멀고 먼 대해원을 건너 남방으로 들어온 것은 일본인 선조에게 커다란 자극을 주어 매우 소극적이었던 대외관을 깨우쳐주었다. 이미 포르투갈인이 일본으로 오기 전에 우리의 서해, 남해의 해적은 이른바 왜구로써 동중국해를 연안을 어지럽혔는데 이렇게 시끄러운 침략주의는 드디어 임진, 정유왜란으로 나타나 일본 무사의 용맹스러움이 충분히 증명되었다. 이 싸움에서 고니시 유키나가는 부산에 상륙하여 서울에 이르기까지 20일, 가토 기요마사는 불과 16일에 지나지 않았다. 청일전쟁 당시에도 우리 군은 같은 코스를 15일 정도 걸렸다. 그런데 이러한 눈부신 군사상의 성공에도 불구하고 원정은 결국 실패로 끝났다. 다치바나 무네시게(立花宗茂, 1567~1643년)는 임진왜란 때에 군대를 이끌고 각지를 돌아다닌 노장인데 그는 만년에 원정 당시의 일을 회상하여 이 전쟁이 마치 부채로 파리를 쫓는 것 같은 것으로 아무리

----

21 Hernándo Cortés de Monroy y Pizarro Altamirano, 1485~1547년. 멕시코고원의 아스테카 제국을 정복.

22 에스파냐의 군인으로 페루의 잉카제국을 정복.

쫓아도 또다시 모여드는 것과 같아 소용이 없다고 하며 일본군은 매우 약했다는 이야기를 하고 있는데 이를 들은 3대 장군 이에미쓰는 외국인을 다스리는 데에는 다시 말해 조선은 조선, 중국은 중국과 같이 그 각각의 인민이 그 토지에 편하게 살고 있는 것처럼 하지 않으면 안 된다고 했다.

도쿠가와 막부는 평화 무역으로 여러 국민과 교류하기로 했기 때문에 포르투갈인 에스파냐인에 이어 17세기 초부터는 네덜란드에 영국인을 포함하여 히라도에서 교역하게 했다. 르네상스의 문화운동에서는 유럽인에게 선수를 당해 대서양은 방법이 없다고 해도 인도양과 태평양까지 유럽의 항해자에 의해 나아갈 수 없었던 우리들의 선조는 이래서는 안 되겠다고 분발하여 남방의 대해양으로 돌진하고 동중국해보다 남중국해로 들어가 끝내는 적도를 건너 발전한다고 하는 훌륭한 기세를 보였다. 이들 남방 해상의 대륙과 섬들에 일본인의 거류지를 설정하고 일본상인은 여기를 왕복하고 상업을 경영하고 이르는 곳마다 번영했다. 당시에 있어서는 마카오의 포르투갈인도 필리핀의 에스파냐인도 하와이의 네덜란드인도 아직 그 숫자가 많지 않았다. 만약 이때 일본의 정치가가 머리 아픈 종교문제가 일어나지 않게, 막부가 확고히 후원하여 동중국해와 남중국 해상의 우리 개척자인, 왜구를 말리지 않았다면 일본민족의 남방발전의 앞길은 실로 상상할 수 없을 정도였다고 확신한다. 게다가 일본에서 쇄국령이 발포된 1636년과 1639년 즉 관영(寬永)연간(1623~43년)에 있어서 네덜란드인은 아직 동인도군도의 섬들을 그리 많이는 점령하고 있지 않았다. 아울러 이웃하고 있는 호주대륙은 백인에게는 전혀 알려지지 않은 세계였다.

1543년 포르투갈 배가 다네가시마에 와서 일본과 유럽인과의 교통이 처음으로 열리는데, 1639년의 쇄국령의 발포까지 96년간을 살펴보자. 그리고 이어 쇄국이 215년간 계속하여 1854년에 개국한 지, 1941년의 지금까지 87년인데 그사이에 개국 일본의 엄청난 발전은 국내외 모두 놀랄 정도였다. 일본민족의 남방에의 팽창에 이은 두드러진 발전은 어떤 위험 요소도 없었다. 이는 쇄국 전 96년간에서의 발전과 비교해 보고 차이가 큰 것은 말할 것도 없지만, 특히 현대 일본에 있어 과거에는 전혀 그 족적이 없었던 것은 서쪽 대륙에 대한 발전 그 자체이다.

일본이 관영 연간(1623~1643년)에 집착했던 쇄국정책이 일본의 발전에 있어 과연 좋은 정책이었을까 아닌가에 대해서는 학자와 정치가 사이에 적극 혹은 소극 양면의 입장이 있어 하나로 귀착하기는 어려울 것이다. 대체로 역사가 사이에는 그때의 쇄국 정책은 타당한 것이라는 견해가 많지만, 유럽 역사를 배우는 사람 사이에는 쇄국을 안타깝게 생각하는 것이 보통이다.

5

중고 말까지의 아시아 민족은 몇 차례나 유럽을 유린하고, 유럽에게 공포의 대상이 되어 있었다. 나중 근세 초가 되면 갑자기 장소를 달리해 큰 배를 타고 남방해상으로부터 밀려들어온 유럽인으로 인해 이번은 아시아가 오히려 억압받게 되었던 것은 정말로 신기한 운명이라고 하지 않을 수 없다. 유럽인의 동양 진출에 대해 일본 민족은 큰 반발력을 나타내 남방에서 두드러진 발전을 이루게 되지만, 이어 당시의 정부가 채택한 쇄국정책 때문에 팽창한 전선에서 철퇴해버리게 되었다. 이리하여 일본이 쇄국정책을 취하게 된 17세기 당시에는 유럽의 기독교 민족은 그들이 발견한 신국토를 정복하고 이로부터 이익을 구하는 것에 바빴는데, 그러나 아무리 흉악한 유럽인이라도 용이하게 달성하기 어려운 일이 있었다. 이는 기독교국과 같이 옛 문명을 갖고 있는 역사적인 대국으로 유럽에서는 튀르키예, 아시아에서는 인도와 중국, 일본이었다. 튀르키예는 동로마제국을 멸망하고 나서 100년간은 세력이 성대했고 신성로마제국의 수도인 빈까지로 포위하는 기세가 있었다. 그래서 신성로마황제와 함께 패권을 다투고 있던 당시의 프랑스 왕은 기독교 세계의 공적으로 취급되는 회교의 튀르키예 동맹조약마저 맺을 정도였다. 튀르키예는 기독교의 유럽을 침략한 나라이기 때문에 그 국내에는 많은 기독교도 유대교도 살고 있었지만, 그들 신민에 대해서는 민족적인 여러 가지 권리를 대개 허락해준다. 그리스인이라도, 아르메니아인이라도, 유대인이라도, 불가리아인, 루마니아인, 세르비아인이라도 모든 그 각자의 언어를 자랑하고 각자의 학교를 세워 각자의 교회에 예배하고, 다시 말하자면 각각 하나의 민족으로서 독립의 사회를 만들어 평화로운 생활을 하도록 허락한 것이다. 단, 회교도가 아닌 이른바 이교

도는 튀르키예의 신민으로 납세의 의무에는 따르지만 공민으로써
의 권리를 주지 않았을 뿐이다. 즉 병사가 되기로 하고 관리가
되는 것이 불가능했을 뿐이었다. 이때부터 기독교의 여러 나라와
도 불평등한 조약을 맺고 엄청난 치외법권을 허락했기에 유럽 각
국의 상인은 기꺼이 튀르키예에 와서 상업을 한 것이다. 이렇게
말하자면 튀르키예는 그 나라를 개방하여 외국과 교제하는 것같
이 생각되지만 결코 그렇지는 않다. 튀르키예는 회교의 법칙으로
부터 절대적인 배외주의이고 같은 일신교도이면서 특히 기독교를
전갈처럼 싫어한다. 그들은 결코 유럽으로 나가는 일은 없었다.
때문에 유럽의 한 구석에 그 나라를 세우면서도 사실은 유럽으로
부터 전연 그 나라를 닫고 있는 것과 같다.

다음으로 인도는 튀르키예 같은 정치상의 통일을 하고 있지 않
았기 때문에 포르투갈인, 네덜란드인, 영국인, 프랑스인은 인도
의 원주민 제후와 교류하여 여기저기에 거류지를 만들고 장사를
하고 이익을 거두고 있다. 그러나 3억의 힌두교도와 회교도는 유
럽인과는 거의 교섭을 하지 않는 생활을 하고 있다.

그로부터 중국에서도 옛날부터 각국의 상인이 광동 그 외의 항
구에 들러 무역을 한 것인데 이 나라에서도 쇄국은 옛날부터 있었
다. 여기서는 멀리서 조공하고 신하의 예를 다하는 나라 이외의
것은 인정하지 않는다. 중화의 나라인 중국에는 다른 나라에 배워
야 할 것은 아무것도 없는 것이다. 중국도 튀르키예도 자기가 가
장 뛰어나다고 생각하여 유럽인들을 이적으로 취급하고 무시했
다. 일본도 중국의 양이사상의 영향을 받았지만 중국과는 조금

차이가 있다. 일본은 옛날부터 외국의 좋은 것을 배운다고 하는 점에서는 매우 담백했다. 강한 자부심을 가지고 있지만 그 때문에 사물을 분별하는 힘을 잃지는 않았다.

이처럼 유럽인은 태평양시대의 선구가 되었지만 그들은 단지 새롭게 발견된 토지에 식민하고 또는 장사를 할 뿐이어서 아직 손이 닿지 않은 곳은 많이 있다. 아시아, 유럽, 아프리카의 세 대륙에 걸친 큰 영토를 가지고 있는 튀르키예 제국, 인도, 중국, 일본은 여전히 그 나라를 개방하지 않았다. 세계를 흐르는 큰 문화의 조류는 아직 이들 옛 문화권에는 거의 접촉하고 있지 않다. 이래서는 세계는 이제 대양시대가 되었다고는 해도, 다시 말해 유럽의 식민사 상업사라고 하는 것은 성립해도, 아직 세계 역사 그 자체가 전개되었다고는 말하기 어렵다. 진정한 세계 역사의 전개를 보기 위해서는 유럽의 역사는 17세기부터 300년간에 이르는 정치, 경제적으로 새로운 전개를 요하는 셈이었다. 그리고 이 새로운 사명을 담당한 것은 북지중해의 영국이었다. 나는 이 위대한 문화 운동을 중고의 이탈리아에서의 르네상스에 대하여 제2의 르네상스라고 불러도 좋다고 생각한다. 중고의 이탈리아에는 정치상의 통일이 없었지만, 근대에 들어 새로운 문화 운동을 창시하고 그 전파를 담당한 영국의 강함은 국가적인 집중이었다. 영국인은 그들이 역사적으로 허락된 권리를 강하게 주장하고 모든 국민이 솔선하여 의회정치를 발전시키고 있었다. 그로부터 섬나라인 천혜의 입지조건을 이용하여 해상으로 나아가고 강한 해군을 만들어 200년 내에 에스파냐, 네덜란드, 프랑스의 3대 해군국을 계

속해서 격파하고, 19세기 초에는 세계의 모든 바다를 지배하는
뛰어난 지위를 쌓아 올리게 된다. 식민지는 증가하며 천연자원은
윤택하고, 여기서 가공하여 상업하는 상공업은 거의 독점적인 것
으로 자금이 한꺼번에 런던에 모여든다. 런던은 지금도 세계 금융
시장의 중심이다. 18세기 후반부터 영국에서 인류 역사에 지금까
지 본 적이 없는 산업혁명 및 교통통신 상의 혁명을 이루게 되었
던 것은 결코 우연이 아니었다.

　이리하여 18세기 중엽에 인도는 일찍부터 영국이 정복하였다.
다음은 튀르키예이다. 이 나라는 전혀 왕년의 활력이 없어졌기
때문에 러시아는 이를 망하게 하여 지중해에 나오려고 열심이었
지만, 영국은 세력 균형상 튀르키예를 편들고 그 때문에 프랑스와
동맹하여 러시아와 싸우기도 했다. 결국 1856년 열국의 회의로
지금까지 기독교 문명의 적이라고 욕해왔던 튀르키예를 유럽의
국제단체의 동료로 받아들이려고 하게 되었다. 이것은 일본 개국
의 200년째의 일이다.

　제2의 르네상스의 파도를 타고 새로운 기계로 만들어진 제조품
을 산처럼 기선에 쌓고서 새로운 시장을 찾아다닌 영국은 4억의
인구가 있는 중국을 놓치지 않았다. 중국이 실력이 없는데도 허세
만 부리고 있는 것을 알아차리고, 게다가 다행히도 러시아는 아직
그 힘을 가지지 않았기에 영국은 아편문제를 계기로 싸움을 일으
키고 1842년 끝내 중국으로 하여금 개국하게 하는 데 성공한다.
1832년의 대개혁으로 영국에서는 자유당이 대개 정권을 장악하
고 있었는데, 이 당의 정치가는 국내에서는 자유와 평화를 입에

담고 있었지만 외국에 대해서는 자신의 소유권의 신성성을 부르짖고 대포로 위협하여 외국에 압력을 가하여 정복하는 것에 조금도 개의치 않았다.

이웃나라인 중국마저 개국했기에 일본도 언제까지 쇄국정책을 계속하는 것이 불가능하였다. 이 점에서 일본은 튀르키예와 중국과는 달리 결코 준비가 없던 것은 아니었다. 쇄국령은 있었지만 나가사키는 중국과 네덜란드에는 열려있었고, 나중에 '난학(蘭學)'[23]의 연구도 장려되었기 때문에 이러한 창을 통하여 유럽의 바람은 조금씩 일본에 들어오고 있었다. 게다가 사면이 바다로 둘러싸여 있는 나라이기에 바람에 불려오고 파도를 타고 외국인들이 우리나라에 표착하는 것이 있고, 또 한편으로 일본의 상인과 어민도 조난하여 생각지도 않은 외국에 흘러가고 그것이 반복되어 외국의 배가 찾아오는 일도 있다. 특히 구로시오 등에 운반되어 온 것으로 일본인이 캄차카반도와 알류샨군도 쪽에 표착한 것이 종종 있어 18세기 후반부터는 러시아도 일본에게 교역을 요구하게 되었다. 그런데 막부는 세 차례나 거절했기에 이에 격분한 러시아의 젊은 사관은 사할린과 치시마를 습격하고 그 때문에 러시아와 일본 간에 충돌이 일어났다. 이 사태는 일본인에게 큰 자극을 주고 격렬한 해방론을 일으켰다. 센다이의 하야시 시헤이(林子平)가 '에도의 니혼바시(日本橋)에서 당나라, 네덜란드까지는 경계 없는

....
23 에도시대 네덜란드를 통해 들어온 유럽의 학문이나 기술, 문화 등을 이르는 말.

수로'라고 이야기한 것은 이 무렵의 일이다.

포르투갈인, 에스파냐인, 네덜란드인은 태평양 시대의 바다의 개척자이지만 19세기에는 완전히 노쇠하고 자신의 식민지를 갖는 힘마저 문제시될 정도였다. 따라서 태평양에서 활동하고 있는 영국과 러시아의 두 나라에 이어 신진세력이라면 새롭게 캘리포니아주를 점령하여 태평양에 도달한 미국이었다. 그리고 미국의 포경선은 자주 일본의 근해까지도 출몰하게 되었기에 워싱턴 정부는 일본을 개국시키려고 페리제독을 일본에 파견하고, 제독은 드디어 러시아가 실패했던 일본 개국의 사명을 달성할 수 있었다. 제독의 사명에 대해서는 우리 일본인 사이에 제독은 일본을 열어준 은인이라든가, 이하 그렇지 않다든가 하는 여러 설이 있지만 제독은 일본인을 위해서라고 생각했던 것은 아니었기에 은혜라든가 원수라든가 하는 문제가 아니다. 다만, 내가 생각하기에 그 당시는 유럽의 강국도 아직 극동 방면에 힘을 쏟고 있지 않았기에 망정이었지, 만약 일본의 개국이 수에즈 운하의 개통 후까지 늦어졌다면 유럽에서의 열강들의 싸움이 노골적으로 극동까지 연장된다고 봤을 때, 개국직후의 일본이 맞이할 곤란은 상상을 절했을 것이다.

1854년 일본의 개국부터 1941년에 이르기까지 일본의 발전의 대단함은 세계를 놀라게 한다. 이 사이 87년이 지나기에 30년을 1대라고 한다면 세 대를 경과하고 있는 것이 되며 제1대는 메이지 17년(1884)까지, 제2대는 다이쇼 3년(1914)까지 이다. 지금 제3대에 들어 일본의 남방 발전의 실태를 점검해 보자면 제1기의 30년

은 우리나라에 있어서는 후지 화산대 및 기리시마 화산대에 연하
는 섬들, 지리상으로 보아 당연히 우리 국토의 연장이라고 간주하
지 않으면 안 되는 섬들을 우리 손에 거두는 것으로 일감이 손에
가득한 시기였다. 우리나라가 개국한 당시에는 현재의 오모테 남
양과 우라 남양에는 이미 네덜란드, 에스파냐 두 나라가 열성을
쏟고 있고, 영국도 이미 싱가포르와 홍콩을 점거하고 있었다. 그
리고 메이지시대가 되면 독일까지 이 북새통에 들어와 1879년에
마셜군도를 획득한 것을 시작으로 1881년에는 영국과 함께 뉴기
니 안의 네덜란드령 이외를 차지했다. 이러한 구주열강의 진출을
눈앞에 두고 일본도 손을 놓고만 있을 수 없어 1876년에는 오가사
하라, 1880년에는 류큐 열도가 일본 소속으로 결정되어 앞에서도
서술한 바와 같이 북진에 해당하는 것이었다. 다음의 30년에 이르
러서는 우리 남양은 새로운 진출자를 본 것으로 1885년에 프랑스
는 안남과 통킹을 공략하고, 1867년에 미드웨이를 손에 넣은 미국
은 1898년에 에스파냐와 싸워 이겨 필리핀과 괌을 획득하고, 그다
음 해인 1899년에는 웨이크제도[24]를 점령했다. 독일이 에스파냐
로부터 캐롤라인, 마리아나제도를 사들였던 때의 일이다. 그리고
일본도 1891년에는 유황제도를 1898년에는 미나미토리시마를 자
신의 판도에 편입시키고, 중국에 대한 승전의 결과로서 타이완을
획득하여 나아가 20년 후에는 독일 영토였던 남양제도를 점령하

....
24 Wake Island는 북태평양, 미나미토리시마의 동남동 약 1,400킬로미터에 위치하
    는 미국의 산호초 섬.

기에 이르렀다. 최후의 30년간에 있어서 일본의 남방 발전은 외연
적이라기보다는 내포적이며, 형식적이라기보다는 내용적이다.
그리고 일본의 남방경략은 여기에 이미 영토를 갖고 있는 영, 미
의 대국을 시작으로 프랑스, 네덜란드 등 각국의 큰 주의를 모으
고, 큰 관심을 갖게 하는 당시의 중대사였다.

6

지금까지 인류의 과거에 있어서의 움직임과 문화의 변천에 대
해 매우 개괄적인 묘사를 시도했다. 그러한 움직임은 상대가 있다
보니 우리들의 선조에게 결코 같은 방향으로는 나타나지 않는다.
서양에서는 대체적으로 남에서 일어나 북으로 이동하는 경향을
보이는 것에 반해, 중국에서는 북에서 일어나 남으로 내려가는
것이다. 지금부터 수만 년 전부터 인류는 이미 지구상의 5대륙은
물론, 거의 이르는 곳마다의 섬들에까지도 만연하고 있다. 그것
이 어떤 본원지로부터 어떠한 방향으로, 또 어떠한 경로를 거쳐
흩어져 있었는지, 지금 명백히 하는 일은 불가능하겠지만 어찌
되었든 문명의 빛은 북반구에서 처음으로 시작한 것이다. 애석하
게도 일본인은 자신의 선조의 경로에 대해 매우 무지하다. 인류의
선조가 지상에 출현하고 나서 50만 년을 경과하였지만, 역사적으
로 취급되어지는 연대는 기껏해야 최후의 50분의 1인 1만 년 정도
에 지나지 않는다. 나아가 이 1만 년도 정확한 의미에서 세계역사

의 진짜 전개기에 있다고 간주해야 할 시기는 최후의 50분의 1 정도인 최근 2백 년 정도이다. 그리고 지금으로부터 4백 년 정도 전에 유럽인에 의해 시작된 대양시대는 말하자면 남쪽, 바다로 향해 발전하는 신시대였다. 유럽인은 서진하여 대서양을 넘어 미국 대륙을 식민지로 삼았지만, 이 식민의 향하는 곳도 역시 남방이었다. 이는 유럽인의 이야기이지만, 극동에서의 일본의 남방발전은 이제 막 시작한 것이라고 할 수 있다.

만약 현재의 세계 정국의 출발점을 아편전쟁에 둔다고 한다면, 오늘까지 겨우 백 년 정도이고 또한 더욱 적확한 역사적 사실을 구하여 청일전쟁, 미국과 에스파냐의 전쟁에서 시작한다면 아직 50년도 되지 않는다. 그런데 지금부터 27년 전 유럽에 대동란이 발발하여 동양에서 일본이 참전한데 이어, 서반구의 합중국까지 전쟁에 말려들자 인류의 역사 이래의 최초의 세계대전이 되고, 이래 이 세계에는 거의 편한 날이 없게 된다. 그리고 극동에는 10년 이래 전쟁이 전개하고 있어 극서의 유럽에서는 또 2차 세계대전이 일어나 그로 인해 세계는 완전한 전국상태가 되었다. 유럽인은 국제법을 만들어 이것에 의해 국제질서를 세우려고 한 것을 자랑으로 여기지만, 유럽의 국제법은 이상이 없는 유색인종에게는 이해되는 성질도 아니고, 따라서 또 그들이 이를 활용한다는 것은 생각도 못할 일로 비록 해당되는 경우가 있더라도 모두 엉망진창인 상태이다.

현재 우리들의 눈앞에 전개한 전쟁 상태에서는 나라의 규모가 대단히 큰 집단의 대립이 목격된다. 이를 역사에 관철하자면 민족이란 국가를 구성해야 할 단위이고, 토대여야 한다는 설이 프랑스 혁명에 의해 고취되었기에 19세기의 유럽에서는 민족운동이 왕성하게 일어나 이것에 의해 독일, 이탈리아를 시작으로 많은 새로운 국가의 건립을 보게 되었다. 그런데 나아가 19세기의 80년대가 되면 영국에서 시작한 정치, 경제상의 신체제를 도입하여 국가사회에 대쇄신을 시도한 각 나라는 그 충실한 국력을 밖으로 나가지 않으면 안 되었다. 이것이야말로 이른바 제국주의의 운동이고 오늘날 세계의 대혼란은 실로 여기서 시작되는 것이다.

그래서 여기에 약간 그들 대집단에 대해 간단히 해설을 더하고자 한다. 첫째로, 대영연합이다. 꼭 10년 전인 1931년에 새로운 조직이 채용되어 각 자치령은 전부 본국과 대등한 국가자격을 가지게 되었지만, 그러나 변함없이 거대한 대연맹이다. 세계 최대의 국가이고 또한 최대의 해양지배자이기도 하다. 세계의 해상 교통로의 요점은 모두 영국의 손바닥에 있다. 지중해에서는 지브롤터, 마르타, 키프로스, 수에즈, 인도양에서는 아덴, 콜롬보, 싱가포르, 홍콩 모두와 연결된다. 남반구의 해상도 남아프리카의 케이프, 호주의 킹 조지 사운드, 남미의 포클랜드군도는 모두 영국의 것이다. 이처럼 해상의 교통에서는 어느 나라도 모두 영국을 의식하지 않으면 안 되는 상태이기에 제1차 세계대전 당시에 독일과 미국의 시끄러운 해양 자유의 요구도 있었다. 이런 이야기가 있다. 우리나라에는 태양이 지는 때가 없다고 영국인이 자랑스럽게 말하자, 이를 듣고 있던 프랑스인이 그도 그럴 터이다. 하느님은 나쁜 자로부터 눈을 뗄 수 없을 것이기에 라고. 영국에 의한 대제국의 건설은 북아프리카의 식민지를 잃은 영국이 방향을 바꾸어 인도양과 태평양으로 향하기 시작했던 것을 의미한다.

영국의 대제국 건설에 즈음하여 이는 전혀 방심의 산물이라고 하는 주장이 있다. 계획적으로 이루어진 일이 아니라는 뜻일 게다. 이는 일리 있는 의견이지만, 그 영토가 동서 양반구의 온대지대에 펼쳐져 있는 것을 보자면 어느 계획 아래 만들어진 것이 아니라는 말에 의심을 가질 수밖에 없다. 도대체 하나의 국가가 같은 온대의 육지를 양 반구에 걸쳐 자신의 손아귀에 쥐고 있고 공간과 자원을 독점하는 것은, 모든 국가가 자국의 발달과 확장을 계속해서 꾀하고 있는 현실에서 평화를 교란시키는 중대한 원인이 되는 것은 아닌지. 미국의 먼로주의, 범 미국주의는 불합리한 요구라고는 할 수 없다고 여겨진다. 따라서 워싱턴정부가 유럽과 중국사변에 간섭하려고 하는 것은 싸움을 하자고 덤비는 매우 폭력적인 처사라고 하지 않을 수 없다.

이탈리아는 미국의 경략으로 공명심을 적당히 만족하고 있을 것이다. 히틀러는 그의 저서에서 제3제국의 침로로서 동으로 향하는 것이라고 하지만, 재작년 여름 소비에트와 타협하고 나서는 북쪽의 스칸디나비아반도를 제압하고, 이어 북해의 해안을 접수하고는, 이후 남으로 향해서는 제2제국시대[25]의 3B정책[26]으로 돌

....

25 신성로마제국을 제1제국, 1871~1918년의 독일제국을 제2제국, 나치독일을 제3제국.
26 베를린, 비잔티움, 바그다드를 연결하는 철도와 주변의 이권 개발을 목표로 한 정책.

아가는데, 그 팽창정책은 자오선의 방향과 합치하려고 하는 것 같다. 또한 소비에트연방에 대해서도 인도양 쪽의 따뜻한 바다로 출구를 모색하는 일이 가장 현명한 방법이라고 생각한다.

마지막으로 이야기하고 싶은 것은 일본을 중심으로 극동으로 넘어가는 큰 집단이다. 미국이 발견되기 전의 기독교국은 인구에 있어 세계인구의 25분의 1을 차지하고 있다. 이는 중국과 일본 인구보다 적고, 그 면적도 회교도보다 못하다. 그런데 르네상스 후의 대양 진출에 이어 18세기 이후의 대정복 시대가 되자, 지구의 육지면적의 5분의 4는 홀연히 그들의 점령지가 되었다. 고비노 (Joseph-Arthur Gobineau)[27]가 인종불평등을 외치고 백인 특히 게르만인의 우열을 말한 시절은 미국의 페리가 우라가(浦賀)에 들렀던 때이지만, 이 설의 맞고 틀림은 제쳐두고서라도 조직도 없이 무기도 없는 당시의 유색인종이 뛰어난 백인의 무력에 복종하는 외에는 방법이 없었다. 그런데 그중에 유일하게 일본민족이 백인에 대항하는 것이 가능한 큰 세력을 편제하여 동경 100도 부근에서 180도 언저리까지 하나의 공영권을 만들어내게 된 것은 세계 역사상의 통쾌한 일이라고 하지 않을 수 없다.

일본에 대한 일종의 공포심에서 백인 사이에 '황인화(黃人禍)'라는 표어가 회자되는 것은 청일전쟁 직후의 일이다. 그것이 러일전쟁 이후 더욱 기승을 부려 현재의 시국이 된 것은 공포심이 나중

....

27 프랑스 출신의 작가로 저서 '인종불병등론'에서 인종 간에 지적 능력에 차이가 있음을 주장.

증오심이 된 것으로, 그중에도 미국 등에서는 거의 시비를 판별할 수 없을 정도의 극단의 상태가 되어 버린 것은 매우 슬픈 일이라고 하지 않을 수 없다. '노구교사건'이 일어난 해의 일이다. 영국 육군의 이안 해밀턴 장군, 이 사람은 노일전쟁 당시에는 관전무관으로서 우리 노기 마레스케(乃木希典, 1849~1912년) 장군에게 종군하면서 제1차 세계대전에서는 갈리폴리[28] 원정군의 사령관이었다. 그는 일본의 무력을 두려워해야 한다고 하면서 유럽열강은 힘을 합쳐 신속하게 일본에 대비하지 않으면 안 된다고 경고하고 있다.

일본의 팽창은 이 민족의 단순한 공명심에 의한 것이 아니다. 일본의 존립을 위해 어쩔 수 없는 것으로, 미국과 영국의 소위 앵글로색슨 세계는 태평양의 동쪽과 남쪽을 봉쇄하여 압박을 가하고 있으며 나아가 대륙을 향해 팽창하려고 하는 진로까지 팔방으로 방해하고 있다. 일본의 이러한 곤란한 사정에 대해서는 과연 영국인 중에도 동정적인 태도를 보이는 자도 있을 정도다. 8년 전에 캔터베리성당의 신부가, 호주는 영국인의 식민에 적합하지 않은 곳이므로 이것을 일본인에게 주어도 좋을 것이라고 주장하기도 했다. 이어 3년 전에 뉴질랜드 영국국교회의 신부는 북호주를 무상으로 일본에 제공해야 할 것이며, 뉴질랜드도 개방하여 일본인 5백만 명 정도를 받아들여야 한다고 주장하기도 했다.

....

28 갈리폴리 작전. 제1차 세계대전 중에 연합군이 동맹국 측의 오스마제국의 이스탄불 점령을 목표로 갈리폴리반도에 실시한 상륙작전.

이리하여 남방의 발전은 일본민족의 큰 원망이라기보다는 오히려 필요한 것이다. 공평한 인물이라면 영국인 중에서도 이것을 인정하는 사람이 있었던 것은 앞에서 이야기한 바다. 실제 일본의 남방에는 인간이 살고 있지 않고 천연자원도 거의 개발되지 않은 대륙과 섬이 많이 있었던 것이기에 일본은 다음 국제회의에서 꼭 지난 파리평화회의[29]에서 통과하지 못했던 '인종평등론'을 다시 주장하여 백인의 반성을 촉구하지 않으면 안 된다. 덧붙여 중요한 것은 동해, 동중국해, 남중국해의 주위에 지금 발전하고 있는 이른바 '동아공영권'을 훌륭하게 만들어, 정연한 질서를 세우지 않으면 안 된다. 국제적인 일종의 이웃을 조직하여 이것으로 제3의 르네상스와도 같은 신문명 발상의 땅을 구축해야 한다. 중고의 이탈리아인이 대양시대의 개척자였던 것처럼, 또한 19세기의 영국인이 세계역사의 선구자가 되었던 것처럼, 일본민족도 인류의 진보 발달을 위해 보다 큰 공헌을 하지 않으면 안 된다. 이는 결코 20년이라든가, 30년 등의 단시간에 이룰 수 있는 일은 아니다. 섬나라나 반도국의 대륙정책에 대해서는 유럽 학자들 가운데 비관론을 내세우는 사람도 적지 않다. 에밀 라이히 같은 유명한 역사가도 그들 중에 있다. 그들의 논리의 근거는 과거의 사실이다. 과연 과거의 사실에 의거하자면, 덴마크의 11세기의 대륙정책은

---

29 제1차 세계대전 종료 후, 1919~20년에 걸쳐 전쟁에 대한 책임과 유럽 각국의 영토 조정, 전후의 평화를 유지하기 위한 조치 등을 협의한 일련의 회의 일체를 가리킨다.

그 수명이 20년, 이 나라의 13세기는 40년도 지속하지 못했고, 스웨덴의 영주 구스타브 아돌프[30]가 17세기에 구상한 계획은 90년 만에 좌초했다. 중세기의 영국은 4백 년간을 대륙정책을 위해 썼지만 결국 실패했다. 유럽 남방의 지중해를 보자면 동로마제국이나 튀르키예 제국도 전성기에서조차 좀처럼 지중해의 전 수역을 긴 시간 동안 자신의 것으로 지배하지 못했다. 비관론은 이로부터 생겨난 것이지만, 그러나 매우 성공적인 예도 있다는 것을 부정하기 어렵다. 바로 고대 로마제국이다. 로마는 4백 년 걸려 지중해를 호수로 하는 대제국을 건설했는데, 이래 계속하여 5백 년의 긴 시간에 걸쳐 이 커다란 지중해 제국을 유지했다.

지금 세계는 3대 세력이 정립하는 일종의 3국 시대이다. 영국이 유럽을 버리고 미국과 관계를 맺어 일대 앵글로색슨동맹을 조직하고 있는 것에 대해, 일본, 독일, 이탈리아의 3국동맹이 대치하고 있다. 그리고 북방에 있는 소비에트 연방은 중립을 표방하면서 호시탐탐 틈을 노리고 있다. 이 싸움은 가지지 못한 나라가 가진 나라와 대항하여 도전하는 것과 같은 것이지만, 영미동맹은 무서운 독재정치에 대해 민주정치를 옹호하기 위한 성전이라고 말하고 있다. 이 싸움에서 어부지리를 차지할만한 것이 없음에도, 만약 거듭되는 전쟁으로 인해 북반구인이 그 정력을 소모하고 피폐하게 된다면 지금부터 몇 년 후에 혹은 이번은 남반구인의 신시

....

30 구스타브 2세 아돌프(Gustav II Adolf, 재위 1611~1632년). 스웨덴을 강국으로 만든 왕으로 '북방의 사자' 또는 '설왕(雪王)'이라 불렀다.

대가 도래하게 되는 것은 아닐까. 그렇다면 북호주의 포트다윈[31] 근방의 방송국에서 북방발전사의 강좌가 방송되는 일이 생길지도 모를 일이다. 아주 많이 두서가 없는 내용이었다고 생각하지만, 이번 강의는 이것으로 마치고자 한다.(1941년 1월25일~30일)

....

31 Darwin. 오스트레일리아 노던주의 주도로 보통 포트다윈이라고도 한다.

번역 후기

보통 '한국에서의 일본연구'라고 하면, 한국인은 한국과 일본 두 나라 사이에 일어난 문제들을 연구하는가 보다 하고 생각하기 쉬울 것이다. 그런데 일본인은 '일본에서의 한국연구'라고 하면, 꼭 양국 간에 국한하지 않고 폭넓게 여러 국가들과 관련해서 문제 해결을 시도하는 것 같다. 이러한 차이는 전자가 한일 양국 간의 문제로 좁혀서 생각하는 것이고, 후자는 좀 더 넓은 범위에서 양국 간의 문제를 들여다보는 것인 만큼, 두 시각에는 차이가 생길 수 있다.

이러한 차이가 생성된 요인에는 지도상에 나타난 지정학적 요인과도 관련 있다고 생각한다. 한반도는 북서쪽으로 유라시아대륙을 머리에 이고 지중해 같은 황해, 동해(일본해), 동중국해로 둘러싸여 있는 구조이다. 이에 비해 일본열도는 북동에서 남서로 비스듬히 길게 누워있으면서 또 다른 지중해로서 오호츠크해, 동해(일본해), 황해, 동지나해, 남지나해와 태평양 상의 섬들을 끼고 있다. 이러다 보니 일본열도는 유라시아대륙의 가장 바깥쪽에 위치한 모양새다. 다시 말해 일본열도의 품을 벗어나면 넓디넓은 태평양과 마주하게 된다. 이런 이유로 일본은 자신이 감당해야 할 범위 속에서 한국과 관련하는 문제를 이해하고자 하는 것이 아닐까.

그렇다면 한국에서의 일본 연구의 궁극적 목표는 일본이 무슨 생각을 하는가를 정확히 알기 위한 것일 게다. 그런 점에서 우리도 한국과 일본의 문제를 양국 간의 관계로 좁혀서 이해하기보다는 좀 더 다양하고 다면적으로 접근해야 하는 것은 아닐까. 이런 점에 착안하여 한국 대학의 일본연구도 그 시선을 한일 양국의 문제에 고정시켜 놓지 말고, 글로벌한 차원 속으로 확장해 가려는 노력이 절실히 요구됨은 물론이다.

이런 점에서 고려대학교 글로벌일본연구원은 2021년부터 일본 동남아시아 학술총서 시리즈를 발간해 오고 있다. 이번 작업은 2회 차로, 지난 21년의 1회 차가 8권, 이번은 6권, 모두 14권의 동남아시아학술서 번역시리즈를 내놓고 있다. 본인의 2회 차 번역은 게무야마 센타로(煙山專太郎, 1877~1954년)가 1941년 3월에 출판한 『남방발전사(南方發展史)』이다. 이 책은 본인의 담당 1회 차가 평론가이자 전기 작가인 사와다 겐(澤田謙, 1894~1969년)의 『남양민족지(南洋民族誌)』(1942; 글로벌일본연구원 일본 동남아시아 학술총서06, 사와다 겐 저/송완범 역, 『남양민족지』, 보고사, 2021 참조.)와 같이 일본방송출판부(日本放送出版部)에서 간행된 일반인 대상의 라디오신서이다.

게무야마가 도쿄제국대학을 졸업하고 약 반세기 동안 와세다 대학에서 메이지부터 쇼와에 걸쳐 교편을 잡았던 서양사 전공의 학자이자 정치학자이다 보니, 이 책은 지구상의 남과 북에 펼쳐진 여러 세력의 성쇠를 다룬 게무야마의 역사론 5편을 싣고 있다. 제1편은 1932년 12월. 자신의 고향 이와테(岩手) 현민 들을 대상으로 한 강연이며, 제2편은 34년 10월 잡지에 발표한 것이다. 그 외 나머지 세 편은 당시의 라디오 방송에 사용한 원고들로 제3편은 39년 6월에, 제4편은 40년 4월에, 마지막 제5편은 41년 1월에 도쿄에서 발신한 것들로, 마지막 방송의 제목을 따서 책명으로 삼았다고 한다.

2021년의 제1차 번역 작업 이후 "1940년대 '제국일본'의 '南洋' 인식"에 대하여 소문을 발표한 적이 있다.(졸고, 「1940년대 '제국일본'의 '南洋' 인식-이른바 '南進論'과 사와다 겐(澤田謙)의 『南洋民族誌』를 중심으로-」, 『일본연구』 36호, 2021.08 pp.5-29 참조.) 마치 그때 이번 번역 작업을 예견이나 한 것처럼 게무야마에 대해 다음과 같이 언급하고 있다.(앞의 논문, p.14 참조.)

"'남양' 문제와 관련하는 '남진론'에 대해서 언급하자면, 야노 도오루(矢野暢; 矢野暢(1975), 「「南進」의 系譜」, 中公新書412(→千倉書房, 2009) 참조.)에 의해 이른바 '난신야(南進屋)'라고 불린 니시무라 신지(西村眞次, 1879~1943년; 西村眞次(1942), 『大東亞共榮圈』, 博文館 참조.)와 게무야마 센타로(煙山專太郎, 1877~1954년; 煙山專太郎(1941), 『南方發展史』, 日本放送出版部 참조.) 등의 저작이 1940년대 당시의 제국일본의 남양 인식을 대변한다. 그중에서도 후자는 본고의 분석 소재인 『남양민족지(南洋民族誌)』(日本放送出版部, 1942)와 시기적으로도 비슷하고 라디오방송의 교재라는 형식상의 유사

성도 같다는 점에서 주목할 만하다. 더불어 후자는 「일본의 남진정책」이라는 편에서 '왜구(倭寇)'의 활동을 평가하고 왜구의 특징인 '해양 본능'을 위축시키지 않았다면, 유럽 세력이 동남아시아에 이르기 전에 '모험심 강한 일본인'이 분명히 남쪽 섬들을 손에 넣었을 것이다.(아베 다케시(阿部猛) 저, 강은영 역(2020), 『태평양전쟁과 역사학』, 생각과종이, pp.122-131 참조.)"

또한 여기에 대해 "다시 말해, 이러한 '남진론'은 침략사상을 여과 없이 분출하고 있는 것으로 현재의 동남아지역을 일본을 위한 침략의 도구로 밖에 생각하고 있지 않았음을 명확히 보여준다. '북진론'의 요체는 '조선문제', 즉 한반도 문제였고, 이는 만주를 거쳐 청과 이후의 중국의 문제로 이어졌다면, '남진론'의 요체는 수미일관 전쟁을 수행하기 위한 자원의 조달과 공급지로서의 관점이었음을 알 수 있다. 결국 '제국일본'의 '대외팽창주의'는 1940년대의 영국, 미국과의 개전, 즉 이른바 '아시아태평양전쟁'에 의해 '북진론'과 '남진론'이라는 양 대외론의 이해가 일치하는 합일점에 도달하게 되었던 것이다. 나아가 '제국일본'의 '대외팽창주의'의 궁극적 최후는 1945년 8월의 패전이었던 셈이다."고 분석하고 있다.

이상과 같은 일련의 작업을 통해 게무야마 센타로와 사와다 겐의 저작이 라디오신서라는 당시의 첨단의 도구를 통해 쇼와시대의 '제국의 국민'들에게 알기 쉽게 전달되었을 것이다. 다만 게무야마가 일본을 대표하는 서양사학자이면서 정치학자로서 그의 시선에서 자신의 사론을 전개하다 보니 동서고금을 아울러 종횡하는 논지 속에 많은 지명과 인명이 등장하고 있다. 그런 점에서 라디오신서지만 듣는 대중이 이해하기 쉽지 않았을 것이다. 또 그런 점에서 번역 작업은 만만하지 않았다. 그리고 게무야마의 문장이 아주 지독한 만연체에다가, 원고 본체가 라디오방송용이다 보니 구어체의 원고라 더더욱 이었다. 여러 군데서 매끄럽지 못한 구석이 있었을 것이다. 미리 독자의 양해를 구할 따름이다.

나아가 당연한 것이지만, 독자의 입장에서는 1940년대의 게무야마의 남방인식은 현재의 동남아시아를 이해하는 데 직접적인 도움이 되지 않을지 모른다. 다만 '제국일본'이 '아시아태평양전쟁'으로 치닫는 과정에서 당시 일본의 서양사학을 대표하는 학자가 구상한 세계인식이 어떠했는가에 대해서는 참고가 될 것이다. 전후 약 10여 년의 시기를 더 존명한 학자가 가졌을 전후의 인식에 대해서는 알려진 바가 적다.

대학의 지역연구의 성과가 정부의 정책방향인 '신남방정책' 혹은 '인도태평양 전략'의 일단을 견인할 수는 없겠지만, 1940년대 제국일본의 성공과 실패를 들여다보는 기초적 작업은 매우 현재적일 수 있다는 점에서 그 의미가 적지 않을 것이다. 본 연구원의 이번 동남아시아 시리즈가 현재의 동남아지역에 대한 한국 사회의 원초적 이해에 적잖은 도움이 되었으면 하는 마음이다.

마지막으로 본 2차 번역 시리즈를 추진한 현 채성식 글로벌일본연구원 원장과 보고사와의 사무 연락에 수고한 본 연구원의 유하영 행정팀장에게도 사의를 전한다. 그리고 정선되지 않은 원고

를 교정과정 중에 말끔히 손봐주신 보고사의 편집부 이소희 씨의
노고에도 심심한 감사를 드린다.

2022년 12월 길일
학인(學仁) 송완범

저자 **게무야마 센타로**煙山専太郎, 1877~1954

1877년 이와테현 구노헤(九戸)군 오카와메(大川目, 현 구지[久慈]시) 촌 출생, 1902년 도쿄제국대학 문과대학 철학과를 졸업하고 같은 해 와세다대학의 강사를 시작으로 약 반세기에 걸쳐 와세다대학에서 교편. 담당과목은 서양근세사와 정치사, 1922년 유럽 유학, 1948년 와세다대학 정년 후 명예교수, 1950년 문화여자단기대학 학장.

저작에는 『征韓論実相』, 『西洋最近世史』, 『世界大勢史』 등 서양의 근·현대사에 관한 저작 다수. 특히 『近世無政府主義』는 당시의 사회주의자들에게 큰 영향을 끼침. '진짜 학자'로 불릴 정도의 석학이었으나 당시의 제국대학의 학벌주의를 배격하고 명리를 멀리 한다는 세간의 평을 얻고 있다.

역자 **송완범**

고려대 사학과 졸업, 연대대학원 일본사 석사과정수료, 일본 도쿄대대학원 일본사학과 석사·박사과정 졸업(문학박사), 현 고려대 문과대학 교수, 총장직속 고령사회연구원 부원장 겸 글로벌일본연구원 부원장.

저서로는 『동아시아세계 속의 일본율령국가 연구』, 『2022 대한민국이 열광할 시니어트렌드』, 『調和的秩序形成の課題』 등, 역서로는 『남양민족지』, 『목간에 비친 고대일본의 서울, 헤이조쿄』, 『동일본대지진: 부흥을 위한 인문학적 모색』 등, 논문으로는 「1940년대 '제국일본'의 '南洋' 인식」, 「고·중세 일본의 국제전쟁과 동아시아」, 「전쟁과 재난으로 보는 동아시아안전공동체」 등이 있다.

일본 동남아시아 학술총서 10

남방발전사

2023년 2월 17일 초판 1쇄 펴냄

저　자 게무야마 센타로
역　자 송완범
발행자 김흥국
발행처 도서출판 보고사

책임편집 이소희
표지디자인 김규범

등록 1990년 12월 13일 제6-0429호
주소 경기도 파주시 회동길 337-15 보고사
전화 031-955-9797
팩스 02-922-6990
메일 bogosabooks@naver.com
http://www.bogosabooks.co.kr

ISBN　979-11-6587-431-5　94910
　　　　979-11-6587-169-7　(세트)
ⓒ 송완범, 2023